PREFACIO

La colección de guías de conversación para viajar "Todo irá bien" publicada por T&P Books está diseñada para personas que viajan al extranjero para turismo y negocios. Las guías contienen lo más importante - los elementos esenciales para una comunicación básica.Éste es un conjunto de frases imprescindibles para "sobrevivir" mientras está en el extranjero.

Esta guía de conversación le ayudará en la mayoría de los casos donde usted necesite pedir algo, conseguir direcciones, saber cuánto cuesta algo, etc. Puede también resolver situaciones difíciles de la comunicación donde los gestos no pueden ayudar.

Este libro contiene muchas frases que han sido agrupadas según los temas más relevantes. Una sección separada del libro también ofrece un pequeño diccionario con más de 1.500 palabras importantes y útiles.

Llévese la guía de conversación "Todo irá bien" en el camino y tendrá una insustituible compañera de viaje que le ayudará a salir de cualquier situación y le enseñará a no temer hablar con extranjeros.

TABLA DE CONTENIDOS

T&P Books Publishing

T&P Books Publishing

GUÍA DE CONVERSACIÓN
CHECO

LAS PALABRAS Y LAS FRASES MÁS ÚTILES

Esta Guía de Conversación contiene las frases y las preguntas más comunes necesitadas para una comunicación básica con extranjeros

Andrey Taranov

T&P BOOKS

Guía de conversación + diccionario de 1500 palabras

Guía de conversación Español-Checo y diccionario conciso de 1500 palabras

por Andrey Taranov

La colección de guías de conversación para viajar "Todo irá bien" publicada por T&P Books está diseñada para personas que viajan al extranjero para turismo y negocios. Las guías contienen lo más importante - los elementos esenciales para una comunicación básica. Éste es un conjunto de frases imprescindibles para "sobrevivir" mientras está en el extranjero.

Una otra sección del libro también ofrece un pequeño diccionario con más de 1.500 palabras útiles. El diccionario incluye muchos términos gastronómicos y será de gran ayuda para pedir los alimentos en un restaurante o comprando comestibles en la tienda.

T&P Books Publishing
www.tpbooks.com

ISBN: 978-1-78492-643-4

Este libro está disponible en formato electrónico o de E-Book también.
Visite www.tpbooks.com o las librerías electrónicas más destacadas en la Red.

PRONUNCIACIÓN

T&P alfabeto fonético	Ejemplo checo	Ejemplo español
[a]	lavina [lavɪna]	radio
[a:]	banán [bana:n]	contraataque
[e]	beseda [bɛsɛda]	verano
[ɛ:]	chléb [xlɛ:p]	cuarenta
[ɪ]	Bible [bɪblɛ]	abismo
[i:]	chudý [xudi:]	destino
[o]	epocha [ɛpoxa]	bordado
[o:]	diagnóza [dɪagno:za]	domicilio
[u]	dokument [dokumɛnt]	mundo
[u:]	chůva [xu:va]	jugador
[b]	babička [babɪʧka]	en barco
[ʦ]	celnice [ʦɛlnɪʦɛ]	tsunami
[ʧ]	vlčák [vlʧa:k]	mapache
[x]	archeologie [arxɛologɪe]	reloj
[d]	delfín [dɛlfi:n]	desierto
[dʲ]	Holanďan [holandʲan]	diente
[f]	atmosféra [atmosfɛ:ra]	golf
[g]	galaxie [galaksɪe]	jugada
[h]	knihovna [knɪhovna]	coger
[j]	jídlo [ji:dlo]	asiento
[k]	zaplakat [zaplakat]	charco
[l]	chlapec [xlapɛʦ]	lira
[m]	modelář [modɛla:rʃ]	nombre
[n]	imunita [ɪmunɪta]	número
[nʲ]	báseň [ba:sɛnʲ]	leña
[ŋk]	vstupenka [vstupɛŋka]	banco
[p]	poločas [poloʧas]	precio
[r]	senátor [sɛna:tor]	era, alfombra
[rʒ], [rʃ]	bouřka [bourʃka]	flash, inglés please
[s]	svoboda [svoboda]	salva
[ʃ]	šiška [ʃɪʃka]	shopping
[t]	turista [turɪsta]	torre
[tʲ]	poušť [pouʃtʲ]	bestia
[v]	veverka [vɛvɛrka]	travieso
[z]	zapomínat [zapomi:nat]	desde
[ʒ]	ložisko [loʒɪsko]	adyacente

5

LISTA DE ABREVIATURAS

Abreviatura en español

adj	-	adjetivo
adv	-	adverbio
anim.	-	animado
conj	-	conjunción
etc.	-	etcétera
f	-	sustantivo femenino
f pl	-	femenino plural
fam.	-	uso familiar
fem.	-	femenino
form.	-	uso formal
inanim.	-	inanimado
innum.	-	innumerable
m	-	sustantivo masculino
m pl	-	masculino plural
m, f	-	masculino, femenino
masc.	-	masculino
mat	-	matemáticas
mil.	-	militar
num.	-	numerable
p.ej.	-	por ejemplo
pl	-	plural
pron	-	pronombre
sg	-	singular
v aux	-	verbo auxiliar
vi	-	verbo intransitivo
vi, vt	-	verbo intransitivo, verbo transitivo
vr	-	verbo reflexivo
vt	-	verbo transitivo

Abreviatura en checo

ž	-	sustantivo femenino
ž mn	-	femenino plural
m	-	sustantivo masculino
m mn	-	masculino plural
m, ž	-	masculino, femenino

mn	-	plural
s	-	neutro
s mn	-	género neutro plural

T&P BOOKS

GUÍA DE
CONVERSACIÓN
CHECO

Esta sección contiene frases
importantes que pueden
resultar útiles en varias
situaciones de la vida real.
La Guía le ayudará a pedir
direcciones, aclaración
sobre precio, comprar billetes,
y pedir alimentos en un
restaurante

T&P Books Publishing

CONTENIDO DE LA GUÍA DE CONVERSACIÓN

T&P Books Publishing

Lo más imprescindible

Perdone, ...	**Promiňte, ...** [promɪnʲtɛ, ...]
Hola.	**Dobrý den.** [dobrí: dɛn]
Gracias.	**Děkuji.** [dekujɪ]

Sí.	**Ano.** [ano]
No.	**Ne.** [nɛ]
No lo sé.	**Nevím.** [nɛviːm]
¿Dónde? | ¿A dónde? | ¿Cuándo?	**Kde? | Kam? | Kdy?** [gdɛ? | kam? | gdɪ?]

Necesito ...	**Potřebuju ...** [potrʒɛbuju ...]
Quiero ...	**Chci ...** [xtsɪ ...]
¿Tiene ...?	**Máte ...?** [maːtɛ ...?]
¿Hay ... por aquí?	**Je tady ...?** [jɛ tadɪ ...?]
¿Puedo ...?	**Můžu ...?** [muːʒu ...?]
..., por favor? (petición educada)	**..., prosím** [..., prosiːm]

Busco ...	**Hledám ...** [hlɛdaːm ...]
el servicio	**toaletu** [toalɛtu]
un cajero automático	**bankomat** [baŋkomat]
una farmacia	**lékárnu** [lɛːkaːrnu]
el hospital	**nemocnici** [nɛmotsnɪtsɪ]

la comisaría	**policejní stanici** [polɪtsɛjniː stanɪtsɪ]
el metro	**metro** [mɛtro]

un taxi	**taxík** [taksi:k]
la estación de tren	**vlakové nádraží** [vlakovɛ: na:draʒi:]

Me llamo …	**Jmenuju se …** [jmɛnuju sɛ …]
¿Cómo se llama?	**Jak se jmenujete?** [jak sɛ jmɛnujɛtɛ?]
¿Puede ayudarme, por favor?	**Můžete mi prosím pomoct?** [mu:ʒetɛ mɪ prosi:m pomotst?]
Tengo un problema.	**Mám problém.** [ma:m problɛ:m]
Me encuentro mal.	**Necítím se dobře.** [nɛtsi:ti:m sɛ dobrʒɛ]
¡Llame a una ambulancia!	**Zavolejte sanitku!** [zavolɛjtɛ sanɪtku!]
¿Puedo llamar, por favor?	**Můžu si zavolat?** [mu:ʒu sɪ zavolat?]

Lo siento.	**Omlouvám se.** [omlouva:m sɛ]
De nada.	**Není zač.** [nɛni: zatʃ]

Yo	**Já** [ja:]
tú	**ty** [tɪ]
él	**on** [on]
ella	**ona** [ona]
ellos	**oni** [onɪ]
ellas	**ony** [onɪ]
nosotros /nosotras/	**my** [mɪ]
ustedes, vosotros	**vy** [vɪ]
usted	**vy** [vɪ]

ENTRADA	**VCHOD** [vxot]
SALIDA	**VÝCHOD** [vi:xot]
FUERA DE SERVICIO	**MIMO PROVOZ** [mɪmo provos]
CERRADO	**ZAVŘENO** [zavrʒɛno]

ABIERTO	**OTEVŘENO** [otɛvrʒɛno]
PARA SEÑORAS	**ŽENY** [ʒɛnɪ]
PARA CABALLEROS	**MUŽI** [muʒɪ]

Preguntas

¿Dónde?
Kde?
[gdε?]

¿A dónde?
Kam?
[kam?]

¿De dónde?
Odkud?
[otkut?]

¿Por qué?
Proč?
[protʃ?]

¿Con que razón?
Z jakého důvodu?
[z jakε:ho du:vodu?]

¿Cuándo?
Kde?
[gdε?]

¿Cuánto tiempo?
Jak dlouho?
[jak dlouho?]

¿A qué hora?
V kolik hodin?
[v kolɪk hodɪn?]

¿Cuánto?
Kolik?
[kolɪk?]

¿Tiene ...?
Máte ...?
[ma:tε ...?]

¿Dónde está ...?
Kde je ...?
[gdε jε ...?]

¿Qué hora es?
Kolik je hodin?
[kolɪk jε hodɪn?]

¿Puedo llamar, por favor?
Můžu si zavolat?
[mu:ʒu sɪ zavolat?]

¿Quién es?
Kdo je tam?
[gdo jε tam?]

¿Se puede fumar aquí?
Můžu tady kouřit?
[mu:ʒu tadɪ kourʒɪt?]

¿Puedo ...?
Můžu ...?
[mu:ʒu ...?]

Necesidades

Quisiera ...	**Rád /Ráda/ bych ...** [ra:d /ra:da/ bɪx ...]
No quiero ...	**Nechci ...** [nɛxtsɪ ...]
Tengo sed.	**Mám žízeň.** [ma:m ʒi:zɛnʲ]
Tengo sueño.	**Chce se mi spát.** [xtsɛ sɛ mɪ spa:t]

Quiero ...	**Chci ...** [xtsɪ ...]
lavarme	**se umýt** [sɛ umi:t]
cepillarme los dientes	**si vyčistit zuby** [sɪ vɪtʃɪstɪt zubɪ]
descansar un momento	**si chvilku odpočinout** [sɪ xvɪlku otpotʃɪnout]
cambiarme de ropa	**se převléknout** [sɛ prʒɛvlɛ:knout]

volver al hotel	**se vrátit do hotelu** [sɛ vra:tɪt do hotɛlu]
comprar ...	**si koupit ...** [sɪ koupɪt ...]
ir a ...	**jít do ...** [ji:t do ...]
visitar ...	**navštívit ...** [navʃti:vɪt ...]
quedar con ...	**se setkat s ...** [sɛ sɛtkat s ...]
hacer una llamada	**si zavolat** [sɪ zavolat]

Estoy cansado /cansada/.	**Jsem unavený /unavená/.** [jsɛm unavɛni: /unavɛna:/]
Estamos cansados /cansadas/.	**Jsme unavení /unaveny/.** [jsmɛ unavɛni: /unavɛnɪ/]
Tengo frío.	**Je mi zima.** [jɛ mɪ zɪma]
Tengo calor.	**Je mi horko.** [jɛ mɪ horko]
Estoy bien.	**Jsem v pořádku.** [jsɛm v porʒa:tku]

Tengo que hacer una llamada.	**Potřebuju si zavolat.** [potrʒɛbuju sɪ zavolat]
Necesito ir al servicio.	**Potřebuju jít na toaletu.** [potrʒɛbuju jiːt na toalɛtu]
Me tengo que ir.	**Musím už jít.** [musiːm uʒ jiːt]
Me tengo que ir ahora.	**Teď už musím jít.** [tɛtʲ uʒ musiːm jiːt]

Preguntar por direcciones

Perdone, ...

Promiňte, ...
[promɪnʲtɛ, ...]

¿Dónde está ...?

Kde je ...?
[gdɛ jɛ ...?]

¿Por dónde está ...?

Kudy ...?
[kudɪ ...?]

¿Puede ayudarme, por favor?

Můžete mi prosím pomoct?
[mu:ʒɛtɛ mɪ prosi:m pomotst?]

Busco ...

Hledám ...
[hlɛda:m ...]

Busco la salida.

Hledám východ.
[hlɛda:m vi:xot]

Voy a ...

Jdu ...
[jdu ...]

¿Voy bien por aquí para ...?

Jdu správným směrem do ...?
[jdu spra:vni:m smnerɛm do ...?]

¿Está lejos?

Je to daleko?
[jɛ to dalɛko?]

¿Puedo llegar a pie?

Dostanu se tam pěšky?
[dostanu sɛ tam pɛʃkɪ?]

¿Puede mostrarme en el mapa?

Můžete mi to ukázat na mapě?
[mu:ʒɛtɛ mɪ to uka:zat na mape?]

Por favor muestreme dónde estamos.

Ukažte mi, kde právě teď jsme.
[ukaʃtɛ mɪ, gdɛ pra:ve tɛdʲ jsmɛ]

Aquí

Tady
[tadɪ]

Allí

Tam
[tam]

Por aquí

Tudy
[tudɪ]

Gire a la derecha.

Odbočte doprava.
[odbotʃtɛ doprava]

Gire a la izquierda.

Odbočte doleva.
[odbotʃtɛ dolɛva]

la primera (segunda, tercera) calle

první (druhá, třetí) odbočka
[prvni: (druha:, trʒɛti:) odbotʃka]

a la derecha

doprava
[doprava]

a la izquierda

doleva
[doleva]

Siga recto.

Jděte stále rovně.
[jdetɛ staːlɛ rovne]

Carteles

¡BIENVENIDO!	**VÍTEJTE!** [vi:tɛjtɛ!]
ENTRADA	**VCHOD** [vxot]
SALIDA	**VÝCHOD** [vi:xot]

EMPUJAR	**TLAČIT** [tlatʃɪt]
TIRAR	**TÁHNOUT** [ta:hnout]
ABIERTO	**OTEVŘENO** [otɛvrʒɛno]
CERRADO	**ZAVŘENO** [zavrʒɛno]

PARA SEÑORAS	**ŽENY** [ʒenɪ]
PARA CABALLEROS	**MUŽI** [muʒɪ]
CABALLEROS	**PÁNI** [pa:nɪ]
SEÑORAS	**DÁMY** [da:mɪ]

REBAJAS	**VÝPRODEJ** [vi:prodɛj]
VENTA	**VÝPRODEJ** [vi:prodɛj]
GRATIS	**ZDARMA** [zdarma]
¡NUEVO!	**NOVINKA!** [novɪŋka!]
ATENCIÓN	**POZOR!** [pozor!]

COMPLETO	**PLNĚ OBSAZENO** [plne opsazɛno]
RESERVADO	**REZERVACE** [rɛzɛrvatsɛ]
ADMINISTRACIÓN	**VEDENÍ** [vɛdɛni:]
SÓLO PERSONAL AUTORIZADO	**VSTUP JEN PRO ZAMĚSTNANCE** [vstup jɛn pro zamnestnantsɛ]

CUIDADO CON EL PERRO	**POZOR PES!** [pozor pɛs!]
NO FUMAR	**ZÁKAZ KOUŘENÍ** [zaːkaz kourʒɛniː]
NO TOCAR	**NEDOTÝKEJTE SE** [nɛdotiːkɛjtɛ sɛ]

PELIGROSO	**ŽIVOTU NEBEZPEČNÉ** [ʒɪvotu nɛbɛzpɛtʃnɛː]
PELIGRO	**NEBEZPEČNÉ** [nɛbɛspɛtʃnɛː]
ALTA TENSIÓN	**VYSOKÉ NAPĚTÍ** [vɪsokɛː napetiː]
PROHIBIDO BAÑARSE	**ZÁKAZ KOUPÁNÍ** [zaːkaz koupaːniː]

FUERA DE SERVICIO	**MIMO PROVOZ** [mɪmo provos]
INFLAMABLE	**HOŘLAVÉ** [horʒlavɛː]
PROHIBIDO	**ZAKÁZÁNO** [zakaːzaːno]
PROHIBIDO EL PASO	**ZÁKAZ VSTUPU** [zaːkaz vstupu]
RECIÉN PINTADO	**ČERSTVĚ NATŘENO** [tʃerstve natrʃeno]

CERRADO POR RENOVACIÓN	**UZAVŘENO Z DŮVODU** **REKONSTRUKCE** [uzavrʒeno z duːvodu rɛkonstruktsɛ]
EN OBRAS	**PRÁCE NA SILNICI** [praːtsɛ na sɪlnɪtsɪ]
DESVÍO	**OBJÍŽĎKA** [objiːʒtʲka]

Transporte. Frases generales

el avión	**letadlo** [lɛtadlo]
el tren	**vlak** [vlak]
el bus	**autobus** [autobus]
el ferry	**trajekt** [trajɛkt]
el taxi	**taxík** [taksiːk]
el coche	**auto** [auto]
el horario	**jízdní řád** [jiːzdni: rʒaːt]
¿Dónde puedo ver el horario?	**Kde se můžu podívat na jízdní řád?** [gdɛ sɛ muːʒu podiːvat na jiːzdni: rʒaːt?]
días laborables	**pracovní dny** [pratsovni: dnɪ]
fines de semana	**víkendy** [viːkɛndɪ]
días festivos	**prázdniny** [praːzdnɪnɪ]
SALIDA	**ODJEZD** [odjɛst]
LLEGADA	**PŘÍJEZD** [prʃiːjɛst]
RETRASADO	**ZPOŽDĚNÍ** [zpoʒdeniː]
CANCELADO	**ZRUŠENO** [zruʃɛno]
siguiente (tren, etc.)	**příští** [prʃiːʃtiː]
primero	**první** [prvniː]
último	**poslední** [poslɛdniː]
¿Cuándo pasa el siguiente ...?	**Kdy jede příští ...?** [gdɪ jɛdɛ prʒiːʃti: ...?]
¿Cuándo pasa el primer ...?	**Kdy jede první ...?** [gdɪ jɛdɛ prvni: ...?]

¿Cuándo pasa el último …?

Kdy jede poslední …?
[gdɪ jɛdɛ poslɛdni: …?]

el trasbordo (cambio de trenes, etc.)

přestup
[prʃɛstup]

hacer un trasbordo

přestoupit
[prʃɛstoupɪt]

¿Tengo que hacer un trasbordo?

Musím přestupovat?
[musi:m prʃɛstupovat?]

Comprar billetes

¿Dónde puedo comprar un billete?

Kde si mohu koupit jízdenky?
[gdɛ sɪ mohu koupɪt ji:zdɛŋkɪ?]

el billete

jízdenka
[ji:zdɛŋka]

comprar un billete

koupit si jízdenku
[koupɪt sɪ ji:zdɛŋku]

precio del billete

cena jízdenky
[tsɛna ji:zdɛŋkɪ]

¿Para dónde?

Kam?
[kam?]

¿A qué estación?

Do jaké stanice?
[do jakɛ: stanɪtsɛ?]

Necesito ...

Potřebuju ...
[potrʒɛbuju ...]

un billete

jednu jízdenku
[jɛdnu ji:zdɛŋku]

dos billetes

dvě jízdenky
[dve ji:zdɛŋkɪ]

tres billetes

tři jízdenky
[trʒɪ ji:zdɛŋkɪ]

sólo ida

jízdenka jedním směrem
[ji:zdɛŋka jɛdni:m smnɛrɛm]

ida y vuelta

zpáteční jízdenka
[zpa:tɛtʃni: ji:zdɛŋka]

en primera (primera clase)

první třída
[prvni: trʒi:da]

en segunda (segunda clase)

druhá třída
[druha: trʒi:da]

hoy

dnes
[dnɛs]

mañana

zítra
[zi:tra]

pasado mañana

pozítří
[pozi:trʃi:]

por la mañana

dopoledne
[dopolɛdnɛ]

por la tarde

odpoledne
[otpolɛdnɛ]

por la noche

večer
[vɛtʃɛr]

asiento de pasillo

sedadlo u uličky
[sɛdadlo u ulɪtʃkɪ]

asiento de ventanilla

sedadlo u okna
[sɛdadlo u okna]

¿Cuánto cuesta?

Kolik?
[kolɪk?]

¿Puedo pagar con tarjeta?

Můžu platit kreditní kartou?
[mu:ʒu platɪt krɛdɪtni: kartou?]

Autobús

el autobús	**autobus** [autobus]
el autobús interurbano	**meziměstský autobus** [mɛzɪmnestski: autobus]
la parada de autobús	**autobusová zastávka** [autobusova: zasta:fka]
¿Dónde está la parada de autobuses más cercana?	**Kde je nejbližší autobusová zastávka?** [gdɛ jɛ nɛjblɪʒʃi: autobusova: zasta:fka?]
número	**číslo** [tʃi:slo]
¿Qué autobús tengo que tomar para ...?	**Jakým autobusem se dostanu do ...?** [jaki:m autobusɛm sɛ dostanu do ...?]
¿Este autobús va a ...?	**Jede tento autobus do ...?** [jɛdɛ tɛnto autobus do ...?]
¿Cada cuanto pasa el autobús?	**Jak často jezdí tento autobus?** [jak tʃasto jɛzdi: tɛnto autobus?]
cada 15 minutos	**každých patnáct minut** [kaʒdi:x patna:tst mɪnut]
cada media hora	**každou půlhodinu** [kaʒdou pu:lhodɪnu]
cada hora	**každou hodinu** [kaʒdou hodɪnu]
varias veces al día	**několikrát za den** [nekolɪkra:t za dɛn]
... veces al día	**... krát za den** [... kra:t za dɛn]
el horario	**jízdní řád** [ji:zdni: rʒa:t]
¿Dónde puedo ver el horario?	**Kde se můžu podívat na jízdní řád?** [gdɛ sɛ mu:ʒu podi:vat na ji:zdni: rʒa:t?]
¿Cuándo pasa el siguiente autobús?	**Kdy jede příští autobus?** [gdɪ jɛdɛ prʒi:ʃti: autobus?]
¿Cuándo pasa el primer autobús?	**Kdy jede první autobus?** [gdɪ jɛdɛ prvni: autobus?]
¿Cuándo pasa el último autobús?	**Kdy jede poslední autobus?** [gdɪ jɛdɛ poslɛdni: autobus?]
la parada	**zastávka** [zasta:fka]
la siguiente parada	**příští zastávka** [prʃi:ʃti: zasta:fka]

la última parada	**poslední zastávka** [poslɛdni: zasta:fka]
Pare aquí, por favor.	**Zastavte tady, prosím.** [zastaftɛ tadɪ, prosi:m]
Perdone, esta es mi parada.	**Promiňte, já tady vystupuju.** [promɪnʲtɛ, ja: tadɪ vɪstupuju]

Tren

el tren	**vlak** [vlak]
el tren de cercanías	**příměstský vlak** [prʒiːmnestskɪ vlak]
el tren de larga distancia	**dálkový vlak** [daːlkovɪ vlak]
la estación de tren	**vlakové nádraží** [vlakovɛ naːdraʒiː]
Perdone, ¿dónde está la salida al anden?	**Promiňte, kde je vstup na nástupiště?** [promɪɲtɛ, gdɛ jɛ vstup na naːstupɪʃte?]

¿Este tren va a ...?	**Jede tento vlak do ...?** [jɛdɛ tɛnto vlak do ...?]
el siguiente tren	**příští vlak** [prʃiːʃti: vlak]
¿Cuándo pasa el siguiente tren?	**Kdy jede příští vlak?** [gdɪ jɛdɛ prʒiːʃti: vlak?]
¿Dónde puedo ver el horario?	**Kde se můžu podívat na jízdní řád?** [gdɛ sɛ muːʒu podiːvat na jiːzdni: rʒaːt?]
¿De qué andén?	**Ze kterého nástupiště?** [zɛ ktɛrɛːho naːstupɪʃte?]
¿Cuándo llega el tren a ...?	**Kdy přijede tento vlak do ...?** [gdɪ prʃɪjɛdɛ tɛnto vlak do ...?]

Ayudeme, por favor.	**Můžete mi prosím pomoct?** [muːʒetɛ mɪ prosiːm pomotst?]
Busco mi asiento.	**Hledám své místo.** [hlɛdaːm svɛː miːsto]
Buscamos nuestros asientos.	**Hledáme svá místa.** [hlɛdaːmɛ sva miːsta]
Mi asiento está ocupado.	**Moje místo je obsazeno.** [mojɛ miːsto jɛ opsazɛno]
Nuestros asientos están ocupados.	**Naše místa jsou obsazena.** [naʃɛ miːsta jsou opsazɛna]

Perdone, pero ese es mi asiento.	**Promiňte, ale toto je moje místo.** [promɪɲtɛ, alɛ toto jɛ mojɛ miːsto]
¿Está libre?	**Je toto místo volné?** [jɛ toto miːsto volnɛː?]
¿Puedo sentarme aquí?	**Můžu si zde sednout?** [muːʒu sɪ zdɛ sɛdnout?]

En el tren. Diálogo (Sin billete)

Su billete, por favor.	**Jízdenku, prosím.** [ji:zdɛŋku, prosi:m]
No tengo billete.	**Nemám jízdenku.** [nɛma:m ji:zdɛŋku]
He perdido mi billete.	**Ztratil jsem jízdenku.** [stratɪl jsɛm ji:zdɛŋku]
He olvidado mi billete en casa.	**Zapomněl svou jízdenku doma.** [zapomel svou ji:zdɛŋku doma]
Le puedo vender un billete.	**Jízdenku si můžete koupit u mě.** [ji:zdɛŋku sɪ mu:ʒetɛ koupɪt u mne]
También deberá pagar una multa.	**Také budete muset zaplatit pokutu.** [takɛ: budɛtɛ musɛt zaplatɪt pokutu]
Vale.	**Dobrá.** [dobra:]
¿A dónde va usted?	**Kam jedete?** [kam jɛdɛtɛ?]
Voy a ...	**Jedu do ...** [jɛdu do ...]
¿Cuánto es? No lo entiendo.	**Kolik? Nerozumím.** [kolɪk? nɛrozumi:m]
Escríbalo, por favor.	**Napište to, prosím.** [napɪʃtɛ to, prosi:m]
Vale. ¿Puedo pagar con tarjeta?	**Dobrá. Můžu platit kreditní kartou?** [dobra:. mu:ʒu platɪt krɛdɪtni: kartou?]
Sí, puede.	**Ano, můžete.** [ano, mu:ʒetɛ]
Aquí está su recibo.	**Tady je vaše stvrzenka.** [tadɪ jɛ vaʃɛ stvrzɛŋka]
Disculpe por la multa.	**Omlouvám se za tu pokutu.** [omlouva:m sɛ za tu pokutu]
No pasa nada. Fue culpa mía.	**To je v pořádku. Je to moje chyba.** [to jɛ v porʒa:tku. jɛ to mojɛ xɪba]
Disfrute su viaje.	**Příjemnou cestu.** [prʒi:jɛmnou tsɛstu]

Taxi

taxi	**taxík** [taksi:k]
taxista	**taxikář** [taksɪka:rʒ]
coger un taxi	**chytit si taxík** [xɪtɪt sɪ taksi:k]
parada de taxis	**stanoviště taxíků** [stanovɪʃte taksi:ku:]
¿Dónde puedo coger un taxi?	**Kde můžu sehnat taxík?** [gdɛ mu:ʒu sɛhnat taksi:k?]
llamar a un taxi	**volat taxík** [volat taksi:k]
Necesito un taxi.	**Potřebuju taxík.** [potrʒɛbuju taksi:k]
Ahora mismo.	**Hned teď.** [hnɛt tɛtʲ]
¿Cuál es su dirección?	**Jaká je vaše adresa?** [jaka: jɛ vaʃɛ adrɛsa?]
Mi dirección es …	**Moje adresa je …** [mojɛ adrɛsa jɛ …]
¿Cuál es el destino?	**Váš cíl?** [va:ʃ tsi:l?]
Perdone, …	**Promiňte, …** [promɪnʲtɛ, …]
¿Está libre?	**Jste volný?** [jstɛ volni:?]
¿Cuánto cuesta ir a …?	**Kolik to stojí do …?** [kolɪk to stojɪ: do …?]
¿Sabe usted dónde está?	**Víte, kde to je?** [vi:tɛ, gdɛ to jɛ?]
Al aeropuerto, por favor.	**Na letiště, prosím.** [na lɛtɪʃte, prosi:m]
Pare aquí, por favor.	**Zastavte tady, prosím.** [zastaftɛ tadɪ, prosi:m]
No es aquí.	**To není tady.** [to nɛni: tadɪ]
La dirección no es correcta.	**To je nesprávná adresa.** [to jɛ nɛspra:vna: adrɛsa]
Gire a la izquierda.	**Zabočte doleva.** [zabotʃtɛ dolɛva]
Gire a la derecha.	**Zabočte doprava.** [zabotʃtɛ doprava]

¿Cuánto le debo?	**Kolik vám dlužím?** [kolɪk va:m dluʒi:m?]
¿Me da un recibo, por favor?	**Chtěl /Chtěla/ bych stvrzenku, prosím.** [xtel /xtela/ bɪx stvrzɛŋku, prosi:m]
Quédese con el cambio.	**Drobné si nechte.** [drobnɛ: sɪ nɛxtɛ]
Espéreme, por favor.	**Můžete tady na mě počkat?** [mu:ʒetɛ tadɪ na mne potʃkat?]
cinco minutos	**pět minut** [pet mɪnut]
diez minutos	**deset minut** [dɛsɛt mɪnut]
quince minutos	**patnáct minut** [patna:tst mɪnut]
veinte minutos	**dvacet minut** [dvatsɛt mɪnut]
media hora	**půl hodiny** [pu:l hodɪnɪ]

Hotel

Hola.	**Dobrý den.** [dobri: dɛn]
Me llamo ...	**Jmenuju se ...** [jmɛnuju sɛ ...]
Tengo una reserva.	**Mám tady rezervaci.** [ma:m tadɪ rɛzɛrvatsɪ]
Necesito ...	**Potřebuju ...** [potrʒɛbuju ...]
una habitación individual	**jednolůžkový pokoj** [jɛdnolu:ʃkovi: pokoj]
una habitación doble	**dvoulůžkový pokoj** [dvoulu:ʃkovi: pokoj]
¿Cuánto cuesta?	**Kolik to stojí?** [kolɪk to stoji:?]
Es un poco caro.	**To je trochu drahé.** [to jɛ troxu drahɛ:]
¿Tiene alguna más?	**Máte nějaké další možnosti?** [ma:tɛ nejakɛ: dalʃi: moʒnostɪ?]
Me quedo.	**To si vezmu.** [to sɪ vɛzmu]
Pagaré en efectivo.	**Budu platit v hotovosti.** [budu platɪt v hotovostɪ]
Tengo un problema.	**Mám problém.** [ma:m problɛ:m]
Mi ... no funciona.	**... je rozbitý /rozbitá/.** [... jɛ rozbɪti: /rozbɪta:/]
Mi ... está fuera de servicio.	**... je mimo provoz.** [... jɛ mɪmo provoz]
televisión	**Můj televizor ...** [mu:j tɛlɛvɪzor ...]
aire acondicionado	**Moje klimatizace ...** [mojɛ klɪmatɪzatsɛ ...]
grifo	**Můj kohoutek ...** [mu:j kohoutɛk ...]
ducha	**Moje sprcha ...** [mojɛ sprxa ...]
lavabo	**Můj dřez ...** [mu:j drʒɛz ...]
caja fuerte	**Můj sejf ...** [mu:j sɛjf ...]

cerradura	**Můj zámek ...** [muːj zaːmɛk ...]
enchufe	**Moje elektrická zásuvka ...** [mojɛ ɛlɛktrɪtska: za:sufka ...]
secador de pelo	**Můj fén ...** [muːj fɛ:n ...]

No tengo ...	**Nemám ...** [nɛmaːm ...]
agua	**vodu** [vodu]
luz	**světlo** [svetlo]
electricidad	**elektřinu** [ɛlɛktrʒɪnu]

¿Me puede dar ...?	**Můžete mi dát ...?** [mu:ʒetɛ mɪ da:t ...?]
una toalla	**ručník** [rutʃniːk]
una sábana	**přikrývku** [prʒɪkri:fku]
unas chanclas	**bačkory** [batʃkorɪ]
un albornoz	**župan** [ʒupan]
un champú	**šampón** [ʃampón]
jabón	**mýdlo** [mi:dlo]

Quisiera cambiar de habitación.	**Chtěl bych vyměnit pokoje.** [xtel bɪx vɪmnenɪt pokojɛ]
No puedo encontrar mi llave.	**Nemůžu najít klíč.** [nɛmu:ʒu naji:t kli:tʃ]
Por favor abra mi habitación.	**Můžete mi otevřít pokoj, prosím?** [mu:ʒetɛ mɪ otɛvrʒi:t pokoj, prosi:m?]
¿Quién es?	**Kdo je tam?** [gdo jɛ tam?]
¡Entre!	**Vstupte!** [vstuptɛ!]
¡Un momento!	**Minutku!** [mɪnutku!]
Ahora no, por favor.	**Teď ne, prosím.** [tɛtʲ nɛ, prosi:m]

Venga a mi habitación, por favor.	**Pojďte do mého pokoje, prosím.** [pojdʲtɛ do mɛ:ho pokojɛ, prosi:m]
Quisiera hacer un pedido.	**Chtěl bych si objednat jídlo.** [xtel bɪx sɪ objɛdnat ji:dlo]
Mi número de habitación es ...	**Číslo mého pokoje je ...** [tʃi:slo mɛ:ho pokojɛ jɛ ...]

Me voy …	**Odjíždím …** [odɟiːʒdiːm …]
Nos vamos …	**Odjíždíme …** [odɟiːʒdiːmɛ …]
Ahora mismo	**hned teď** [hnɛt tɛtʲ]
esta tarde	**dnes odpoledne** [dnɛs otpolɛdnɛ]
esta noche	**dnes večer** [dnɛs vɛtʃɛr]
mañana	**zítra** [ziːtra]
mañana por la mañana	**zítra dopoledne** [ziːtra dopolɛdnɛ]
mañana por la noche	**zítra večer** [ziːtra vɛtʃɛr]
pasado mañana	**pozítří** [poziːtrʃiː]

Quisiera pagar la cuenta.	**Chtěl bych zaplatit.** [xtel bɪx zaplatɪt]
Todo ha estado estupendo.	**Všechno bylo skvělé.** [vʃexno bɪlo skvelɛː]
¿Dónde puedo coger un taxi?	**Kde můžu sehnat taxík?** [gdɛ muːʒu sɛhnat taksiːk?]
¿Puede llamarme un taxi, por favor?	**Můžete mi zavolat taxík, prosím?** [muːʒetɛ mɪ zavolat taksiːk, prosiːm?]

Restaurante

¿Puedo ver el menú, por favor?	**Můžu se podívat na jídelní lístek, prosím?** [muːʒu sɛ podiːvat na jiːdɛlni: liːstɛk, prosiːm?]
Mesa para uno.	**Stůl pro jednoho.** [stuːl pro jɛdnoho]
Somos dos (tres, cuatro).	**Jsme dva (tři, čtyři).** [jsmɛ dva (trʒɪ, tʃtɪrʒɪ)]

Para fumadores	**Kuřáci** [kurʒaːtsɪ]
Para no fumadores	**Nekuřáci** [nɛkurʒaːtsɪ]
¡Por favor! (llamar al camarero)	**Promiňte!** [promɪnɨtɛ!]
la carta	**jídelní lístek** [jiːdɛlni: liːstɛk]
la carta de vinos	**vinný lístek** [vɪnni liːstɛk]
La carta, por favor.	**Jídelní lístek, prosím.** [jiːdɛlni: liːstɛk, prosiːm]

¿Está listo para pedir?	**Vybrali jste si?** [vɪbralɪ jstɛ sɪ?]
¿Qué quieren pedir?	**Co si dáte?** [tso sɪ daːtɛ?]
Yo quiero …	**Dám si …** [daːm sɪ …]

Soy vegetariano.	**Jsem vegetarián.** [jsɛm vɛgɛtarɪaːn]
carne	**maso** [maso]
pescado	**ryba** [rɪba]
verduras	**zelenina** [zɛlɛnɪna]
¿Tiene platos para vegetarianos?	**Máte vegetariánská jídla?** [maːtɛ vɛgɛtarɪaːnskaː jiːdla?]

No como cerdo.	**Nejím vepřové.** [nɛjiːm vɛprʃovɛː]
Él /Ella/ no come carne.	**On /ona/ nejí maso.** [on /ona/ nɛji: maso]

Soy alérgico a …	**Jsem alergický /alergická/ na …** [jsɛm alɛrgɪtski: /alɛrgɪtska:/ na …]
¿Me puede traer …, por favor?	**Přinesl byste mi prosím …** [prʒɪnɛsl bɪstɛ mɪ prosi:m …]
sal | pimienta | azúcar	**sůl | pepř | cukr** [su:l | pɛprʒ | tsukr]
café | té | postre	**kávu | čaj | zákusek** [ka:vu | tʃaj | za:kusɛk]
agua | con gas | sin gas	**vodu | perlivou | neperlivou** [vodu | pɛrlɪvou | nɛpɛrlɪvou]
una cuchara | un tenedor | un cuchillo	**lžíci | vidličku | nůž** [lʒi:tsɪ | vɪdlɪtʃku | nu:ʒ]
un plato | una servilleta	**talíř | ubrousek** [tali:rʒ | ubrousɛk]

¡Buen provecho!	**Dobrou chuť!** [dobrou xutʲ!]
Uno más, por favor.	**Ještě jednou, prosím.** [jɛʃte jɛdnou, prosi:m]
Estaba delicioso.	**Bylo to výborné.** [bɪlo to vi:bornɛ:]

la cuenta | el cambio | la propina	**účet | drobné | spropitné** [u:tʃɛt | drobnɛ: | spropɪtnɛ:]
La cuenta, por favor.	**Účet, prosím.** [u:tʃɛt, prosi:m]
¿Puedo pagar con tarjeta?	**Můžu platit kreditní kartou?** [mu:ʒu platɪt krɛdɪtni: kartou?]
Perdone, aquí hay un error.	**Omlouvám se, ale tady je chyba.** [omlouva:m sɛ, alɛ tadɪ jɛ xɪba]

De Compras

¿Puedo ayudarle?	**Co si přejete?** [tso sɪ prʒɛjɛtɛ?]
¿Tiene ...?	**Máte ...?** [maːtɛ ...?]
Busco ...	**Hledám ...** [hlɛdaːm ...]
Necesito ...	**Potřebuju ...** [potrʒɛbuju ...]

Sólo estoy mirando.	**Jen se dívám.** [jɛn sɛ diːvaːm]
Sólo estamos mirando.	**Jen se díváme.** [jɛn sɛ diːvaːmɛ]
Volveré más tarde.	**Vrátím se později.** [vraːtiːm sɛ pozdejɪ]
Volveremos más tarde.	**Vrátíme se později.** [vraːtiːmɛ sɛ pozdejɪ]
descuentos | oferta	**slevy | výprodej** [slɛvɪ | viːprodɛj]

Por favor, enséñeme ...	**Můžete mi prosím ukázat ...** [muːʒetɛ mɪ prosiːm ukaːzat ...]
¿Me puede dar ..., por favor?	**Můžete mi prosím dát ...** [muːʒetɛ mɪ prosiːm daːt ...]
¿Puedo probarmelo?	**Můžu si to vyzkoušet?** [muːʒu sɪ to vɪskouʃɛt?]
Perdone, ¿dónde están los probadores?	**Promiňte, kde je zkušební kabinka?** [promɪnʲtɛ, gdɛ jɛ skuʃɛbni: kabɪŋka?]
¿Qué color le gustaría?	**Jakou byste chtěl /chtěla/ barvu?** [jakou bɪstɛ xtel /xtela/ barvu?]
la talla | el largo	**velikost | délku** [vɛlɪkost | dɛːlku]
¿Cómo le queda? (¿Está bien?)	**Jak vám to sedí?** [jak vaːm to sɛdiː?]

¿Cuánto cuesta esto?	**Kolik to stojí?** [kolɪk to stoji:?]
Es muy caro.	**To je příliš drahé.** [to jɛ prʃiːlɪʃ drahɛː]
Me lo llevo.	**Vezmu si to.** [vɛzmu sɪ to]
Perdone, ¿dónde está la caja?	**Promiňte, kde můžu zaplatit?** [promɪnʲtɛ, gdɛ muːʒu zaplatɪt?]

¿Pagará en efectivo o con tarjeta?

Budete platit v hotovosti nebo kreditní kartou?
[budɛtɛ platɪt v hotovostɪ nɛbo krɛdɪtni: kartou?]

en efectivo | con tarjeta

v hotovosti | kreditní kartou
[v hotovostɪ | krɛdɪtni: kartou]

¿Quiere el recibo?

Chcete stvrzenku?
[xtsɛtɛ stvrzɛŋku?]

Sí, por favor.

Ano, prosím.
[ano, prosi:m]

No, gracias.

Ne, to je dobré.
[nɛ, to jɛ dobrɛ:]

Gracias. ¡Que tenga un buen día!

Děkuji. Hezký den.
[dekujɪ. hɛski: dɛn]

En la ciudad

Perdone, por favor.	**Promiňte, prosím.** [promɪnˈtɛ, prosiːm]
Busco ...	**Hledám ...** [hlɛdaːm ...]
el metro	**metro** [mɛtro]
mi hotel	**svůj hotel** [svuːj hotɛl]

el cine	**kino** [kɪno]
una parada de taxis	**stanoviště taxíků** [stanovɪʃtɛ taksiːkuː]
un cajero automático	**bankomat** [baŋkomat]
una oficina de cambio	**směnárnu** [smnenaːrnu]

un cibercafé	**internetovou kavárnu** [ɪntɛrnɛtovou kavaːrnu]
la calle ...	**... ulici** [... ulɪtsɪ]
este lugar	**toto místo** [toto miːsto]

¿Sabe usted dónde está ...?	**Nevíte, kde je ...?** [nɛviːtɛ, gdɛ jɛ ...?]
¿Cómo se llama esta calle?	**Jaká je toto ulice?** [jaka: jɛ toto ulɪtsɛ?]
Muestreme dónde estamos ahora.	**Ukažte mi, kde teď jsme.** [ukaʃtɛ mɪ, gdɛ tɛdʲ jsmɛ]
¿Puedo llegar a pie?	**Dostanu se tam pěšky?** [dostanu sɛ tam peʃkɪ?]
¿Tiene un mapa de la ciudad?	**Máte mapu tohoto města?** [ma:tɛ mapu tohoto mnesta?]

¿Cuánto cuesta la entrada?	**Kolik stojí vstupenka?** [kolɪk stoji: vstupɛŋka?]
¿Se pueden hacer fotos aquí?	**Můžu tady fotit?** [mu:ʒu tadɪ fotɪt?]
¿Está abierto?	**Máte otevřeno?** [ma:tɛ otɛvrʒɛno?]

¿A qué hora abren? **Kdy otvíráte?**
[gdɪ otviːraːtɛ?]

¿A qué hora cierran? **Kdy zavíráte?**
[gdɪ zaviːraːtɛ?]

Dinero

dinero	**peníze** [pɛniːzɛ]
efectivo	**hotovost** [hotovost]
billetes	**papírové peníze** [papiːrovɛ peniːzɛ]
monedas	**drobné** [drobnɛː]
la cuenta | el cambio | la propina	**účet | drobné | spropitné** [uːtʃɛt | drobnɛː | spropɪtnɛː]

la tarjeta de crédito	**kreditní karta** [krɛdɪtniː karta]
la cartera	**peněženka** [pɛneʒeŋka]
comprar	**koupit** [koupɪt]
pagar	**platit** [platɪt]
la multa	**pokuta** [pokuta]
gratis	**zdarma** [zdarma]

¿Dónde puedo comprar ...?	**Kde dostanu koupit ...?** [gdɛ dostanu koupɪt ...?]
¿Está el banco abierto ahora?	**Je teď otevřená banka?** [jɛ tɛdʲ otɛvrʒena: baŋka?]
¿A qué hora abre?	**Kdy otvírají?** [gdɪ otviːrajiː?]
¿A qué hora cierra?	**Kdy zavírají?** [gdɪ zaviːrajiː?]

¿Cuánto cuesta?	**Kolik?** [kolɪk?]
¿Cuánto cuesta esto?	**Kolik to stojí?** [kolɪk to stojiː?]
Es muy caro.	**To je příliš drahé.** [to jɛ prʃiːlɪʃ drahɛː]

Perdone, ¿dónde está la caja?	**Promiňte, kde můžu zaplatit?** [promɪnʲtɛ, gdɛ muːʒu zaplatɪt?]
La cuenta, por favor.	**Účet, prosím.** [uːtʃɛt, prosiːm]

¿Puedo pagar con tarjeta?	**Můžu platit kreditní kartou?** [mu:ʒu platɪt krɛdɪtni: kartou?]
¿Hay un cajero por aquí?	**Je tady bankomat?** [jɛ tadɪ baŋkomat?]
Busco un cajero automático.	**Hledám bankomat.** [hlɛda:m baŋkomat]

Busco una oficina de cambio.	**Hledám směnárnu.** [hlɛda:m smnena:rnu]
Quisiera cambiar …	**Chtěl bych si vyměnit …** [xtel bɪx sɪ vɪmnenɪt …]
¿Cuál es el tipo de cambio?	**Jaký je kurz?** [jaki: jɛ kurz?]
¿Necesita mi pasaporte?	**Potřebujete můj pas?** [potrʒɛbujɛtɛ mu:j pas?]

Tiempo

¿Qué hora es?	**Kolik je hodin?** [kolɪk jɛ hodɪn?]
¿Cuándo?	**Kdy?** [gdɪ?]
¿A qué hora?	**V kolik hodin?** [v kolɪk hodɪn?]
ahora | luego | después de …	**teď | později | po …** [tɛdʲ | pozdejɪ | po …]

la una	**jedna hodina** [jɛdna hodɪna]
la una y cuarto	**čtvrt na dvě** [tʃtvrt na dve]
la una y medio	**půl druhé** [puːl druhɛ:]
las dos menos cuarto	**tři čtvrtě na dvě** [trʒɪ tʃtvrte na dve]

una | dos | tres	**jedna | dvě | tři** [jɛdna | dve | trʒɪ]
cuatro | cinco | seis	**čtyři | pět | šest** [tʃtɪrʒɪ | pet | ʃest]
siete | ocho | nueve	**sedm | osm | devět** [sɛdm | osm | dɛvet]
diez | once | doce	**deset | jedenáct | dvanáct** [dɛsɛt | jɛdɛna:tst | dvana:tst]

en …	**za …** [za …]
cinco minutos	**pět minut** [pet mɪnut]
diez minutos	**deset minut** [dɛsɛt mɪnut]
quince minutos	**patnáct minut** [patna:tst mɪnut]
veinte minutos	**dvacet minut** [dvatsɛt mɪnut]

media hora	**půl hodiny** [puːl hodɪnɪ]
una hora	**hodinu** [hodɪnu]
por la mañana	**dopoledne** [dopolɛdnɛ]

por la mañana temprano	**brzy ráno** [brzɪ ra:no]
esta mañana	**dnes dopoledne** [dnɛs dopolɛdnɛ]
mañana por la mañana	**zítra dopoledne** [zi:tra dopolɛdnɛ]

al mediodía	**v poledne** [v polɛdnɛ]
por la tarde	**odpoledne** [otpolɛdnɛ]
por la noche	**večer** [vɛtʃɛr]
esta noche	**dnes večer** [dnɛs vɛtʃɛr]

por la noche	**v noci** [v notsɪ]
ayer	**včera** [vtʃɛra]
hoy	**dnes** [dnɛs]
mañana	**zítra** [zi:tra]
pasado mañana	**pozítří** [pozi:trʃi:]

¿Qué día es hoy?	**Kolikátého je dnes?** [kolɪka:tɛ:ho jɛ dnɛs?]
Es ...	**Dnes je ...** [dnɛs jɛ ...]
lunes	**pondělí** [pondeli:]
martes	**úterý** [u:tɛri:]
miércoles	**středa** [strʒɛda]

jueves	**čtvrtek** [tʃtvrtɛk]
viernes	**pátek** [pa:tɛk]
sábado	**sobota** [sobota]
domingo	**neděle** [nɛdelɛ]

Saludos. Presentaciones.

Hola.	**Dobrý den.** [dobrí: dɛn]
Encantado /Encantada/ de conocerle.	**Těší mě, že vás poznávám.** [teʃí: mne, ʒe vaːs poznaːvaːm]
Yo también.	**Mě také.** [mne takɛ:]
Le presento a ...	**Rád /Ráda/ bych** **vás seznámil /seznámila/ ...** [raːd /raːda/ bɪx vaːs sɛznaːmɪl /sɛznaːmɪla/ ...]
Encantado.	**Těší mě.** [teʃí: mne]

¿Cómo está?	**Jak se máte?** [jak sɛ maːtɛ?]
Me llamo ...	**Jmenuju se ...** [jmɛnuju sɛ ...]
Se llama ...	**On se jmenuje ...** [on sɛ jmɛnujɛ ...]
Se llama ...	**Ona se jmenuje ...** [ona sɛ jmɛnujɛ ...]
¿Cómo se llama (usted)?	**Jak se jmenujete?** [jak sɛ jmɛnujɛtɛ?]
¿Cómo se llama (él)?	**Jak se jmenuje?** [jak sɛ jmɛnujɛ?]
¿Cómo se llama (ella)?	**Jak se jmenuje?** [jak sɛ jmɛnujɛ?]

¿Cuál es su apellido?	**Jaké je vaše příjmení?** [jakɛː jɛ vaʃɛ prʒiːjmɛni:?]
Puede llamarme ...	**Můžete mi říkat ...** [muːʒetɛ mɪ rʒiːkat ...]
¿De dónde es usted?	**Odkud jste?** [otkut jstɛ?]
Yo soy de	**Jsem z ...** [jsɛm s ...]
¿A qué se dedica?	**Čím jste?** [tʃiːm jstɛ?]

¿Quién es?	**Kdo to je?** [gdo to jɛ?]
¿Quién es él?	**Kdo je on?** [gdo jɛ on?]

¿Quién es ella?	**Kdo je ona?**
	[gdo jɛ ona?]
¿Quiénes son?	**Kdo jsou oni?**
	[gdo jsou onɪ?]

Este es ...	**To je ...**
	[to jɛ ...]
mi amigo	**můj přítel**
	[muːj prʃiːtɛl]
mi amiga	**moje přítelkyně**
	[mojɛ prʃiːtɛlkɪne]
mi marido	**můj manžel**
	[muːj manʒel]
mi mujer	**moje manželka**
	[mojɛ manʒelka]

mi padre	**můj otec**
	[muːj otɛts]
mi madre	**moje matka**
	[mojɛ matka]
mi hermano	**můj bratr**
	[muːj bratr]
mi hermana	**moje sestra**
	[mojɛ sɛstra]
mi hijo	**můj syn**
	[muːj sɪn]
mi hija	**moje dcera**
	[mojɛ dtsɛra]

Este es nuestro hijo.	**To je náš syn.**
	[to jɛ naːʃ sɪn]
Esta es nuestra hija.	**To je naše dcera.**
	[to jɛ naʃɛ dtsɛra]
Estos son mis hijos.	**To jsou moje děti.**
	[to jsou mojɛ detɪ]
Estos son nuestros hijos.	**To jsou naše děti.**
	[to jsou naʃɛ detɪ]

Despedidas

¡Adiós!	**Na shledanou!** [na sxlɛdanou!]
¡Chau!	**Ahoj!** [ahoj!]
Hasta mañana.	**Uvidíme se zítra.** [uvɪdi:mɛ sɛ zi:tra]
Hasta pronto.	**Brzy ahoj.** [brzɪ ahoj]
Te veo a las siete.	**Ahoj v sedm.** [ahoj v sɛdm]
¡Que se diviertan!	**Hezkou zábavu!** [hɛskou za:bavu!]
Hablamos más tarde.	**Promluvíme si později.** [promluvi:mɛ sɪ pozdejɪ]
Que tengas un buen fin de semana.	**Hezký víkend.** [hɛskɪ vi:kɛnt]
Buenas noches.	**Dobrou noc.** [dobrou nots]
Es hora de irme.	**Už musím jít.** [uʒ musi:m ji:t]
Tengo que irme.	**Musím jít.** [musi:m ji:t]
Ahora vuelvo.	**Hned se vrátím.** [hnɛt sɛ vra:ti:m]
Es tarde.	**Je pozdě.** [jɛ pozde]
Tengo que levantarme temprano.	**Musím brzy vstávat.** [musi:m brzɪ vsta:vat]
Me voy mañana.	**Zítra odjíždím.** [zi:tra odji:ʒdi:m]
Nos vamos mañana.	**Zítra odjíždíme.** [zi:tra odji:ʒdi:mɛ]
¡Que tenga un buen viaje!	**Hezký výlet!** [hɛski: vɪlɛt!]
Ha sido un placer.	**Jsem rád /ráda/,** **že jsem vás poznal /poznala/.** [jsɛm ra:d /ra:da/, ʒe jsɛm va:s poznal /poznala/]

Fue un placer hablar con usted.

Rád /Ráda/ jsem si s vámi popovídal /popovídala/.
[ra:d /ra:da/ jsɛm sɪ s va:mɪ popovi:dal /popovi:dala/]

Gracias por todo.

Děkuji vám za všechno.
[dekujɪ va:m za vʃɛxno]

Lo he pasado muy bien.

Měl /Měla/ jsem se moc dobře.
[mnel /mnela/ jsɛm sɛ mots dobrʒɛ]

Lo pasamos muy bien.

Měli /Měly/ jsme se moc dobře.
[mnelɪ /mnelɪ/ jsmɛ sɛ mots dobrʒɛ]

Fue genial.

Bylo to fakt skvělé.
[bɪlo to fakt skvelɛ:]

Le voy a echar de menos.

Bude se mi po tobě stýskat.
[budɛ sɛ mɪ po tobe sti:skat]

Le vamos a echar de menos.

Bude se nám po vás stýskat.
[budɛ sɛ na:m po va:s sti:skat]

¡Suerte!

Hodně štěstí!
[hodne ʃtesti:!]

Saludos a ...

Pozdravuj ...
[pozdravuj ...]

Idioma extranjero

No entiendo.	**Nerozumím.** [nɛrozumiːm]
Escríbalo, por favor.	**Napište to, prosím.** [napɪʃtɛ to, prosiːm]
¿Habla usted ...?	**Mluvíte ...?** [mluviːtɛ ...?]

Hablo un poco de ...	**Mluvím trochu ...** [mluviːm troxu ...]
inglés	**anglicky** [anglɪtskɪ]
turco	**turecky** [turɛtskɪ]
árabe	**arabsky** [arapskɪ]
francés	**francouzsky** [frantsouskɪ]

alemán	**německy** [nemɛtskɪ]
italiano	**italsky** [ɪtalskɪ]
español	**španělsky** [ʃpanelskɪ]
portugués	**portugalsky** [portugalskɪ]
chino	**čínsky** [tʃiːnskɪ]
japonés	**japonsky** [japonskɪ]

¿Puede repetirlo, por favor?	**Můžete to prosím zopakovat.** [muːʒetɛ to prosiːm zopakovat]
Lo entiendo.	**Rozumím.** [rozumiːm]
No entiendo.	**Nerozumím.** [nɛrozumiːm]
Hable más despacio, por favor.	**Mluvte prosím pomalu.** [mluftɛ prosiːm pomalu]

¿Está bien?	**Je to správně?** [jɛ to spraːvne?]
¿Qué es esto? (¿Que significa esto?)	**Co to je?** [tso to jɛ?]

Disculpas

Perdone, por favor.	**Promiňte, prosím.** [promɪnˈtɛ, prosiːm]
Lo siento.	**Omlouvám se.** [omlouvaːm sɛ]
Lo siento mucho.	**Je mi to opravdu líto.** [jɛ mɪ to opravdu liːto]
Perdón, fue culpa mía.	**Omlouvám se, je to moje chyba.** [omlouvaːm sɛ, jɛ to mojɛ xɪba]
Culpa mía.	**Moje chyba.** [mojɛ xɪba]

¿Puedo ...?	**Můžu ...?** [muːʒu ...?]
¿Le molesta si ...?	**Nevadilo by vám, kdybych ...?** [nɛvadɪlo bɪ vaːm, gdɪbɪx ...?]
¡No hay problema! (No pasa nada.)	**Nic se nestalo.** [nɪts sɛ nɛstalo]
Todo está bien.	**To je v pořádku.** [to jɛ v porʒaːtku]
No se preocupe.	**Tím se netrapte.** [tiːm sɛ nɛtraptɛ]

Acuerdos

Sí.

Ano.
[ano]

Sí, claro.

Ano, jistě.
[ano, jɪste]

Bien.

Dobrá.
[dobraː]

Muy bien.

Dobře.
[dobrʒɛ]

¡Claro que sí!

Samozřejmě!
[samozrʒɛjmneǃ]

Estoy de acuerdo.

Souhlasím.
[souhlasiːm]

Es verdad.

To je správně.
[to jɛ spraːvne]

Es correcto.

To je v pořádku.
[to jɛ v porʒaːtku]

Tiene razón.

Máte pravdu.
[maːtɛ pravdu]

No me molesta.

Nevadí mi to.
[nɛvadiː mɪ to]

Es completamente cierto.

To je naprosto správně.
[to jɛ naprosto spraːvne]

Es posible.

Je to možné.
[jɛ to moʒnɛː]

Es una buena idea.

To je dobrý nápad.
[to jɛ dobriː naːpat]

No puedo decir que no.

Nemůžu říct ne.
[nɛmuːʒu rʒiːtst nɛ]

Estaré encantado /encantada/.

Hrozně rád /ráda/.
[hrozne raːd /raːda/]

Será un placer.

S radostí.
[s radostiː]

Rechazo. Expresar duda

No.	**Ne.** [nɛ]
Claro que no.	**Určitě ne.** [urtʃɪte nɛ]
No estoy de acuerdo.	**Nesouhlasím.** [nɛsouhlasi:m]
No lo creo.	**Myslím, že ne.** [mɪsli:m, ʒe nɛ]
No es verdad.	**To není pravda.** [to nɛni: pravda]

No tiene razón.	**Mýlíte se.** [mɪli:tɛ sɛ]
Creo que no tiene razón.	**Myslím, že se mýlíte.** [mɪsli:m, ʒe sɛ mi:li:tɛ]
No estoy seguro /segura/.	**Nejsem si jist /jista/.** [nɛjsɛm sɪ jɪst /jɪsta/]
No es posible.	**To je nemožné.** [to jɛ nɛmoʒnɛ:]
¡Nada de eso!	**Nic takového!** [nɪts takovɛ:ho!]

Justo lo contrario.	**Přesně naopak.** [prʃɛsne naopak]
Estoy en contra de ello.	**Jsem proti.** [jsɛm protɪ]
No me importa. (Me da igual.)	**Je mi to jedno.** [jɛ mɪ to jɛdno]
No tengo ni idea.	**Nemám ani ponětí.** [nɛma:m anɪ poneti:]
Dudo que sea así.	**To pochybuju.** [to poxɪbuju]

Lo siento, no puedo.	**Bohužel, nemůžu.** [bohuʒel, nɛmu:ʒu]
Lo siento, no quiero.	**Bohužel, nechci.** [bohuʒel, nɛxtsɪ]
Gracias, pero no lo necesito.	**Děkuju, ale to já nepotřebuju.** [dekuju, alɛ to ja: nɛpotrʒɛbuju]
Ya es tarde.	**Už je pozdě.** [uʒ jɛ pozde]

Tengo que levantarme temprano.

Musím brzy vstávat.
[musi:m brzɪ vsta:vat]

Me encuentro mal.

Necítím se dobře.
[nɛtsi:ti:m sɛ dobrʒɛ]

Expresar gratitud

Gracias. | **Děkuju.**
[dekuju]

Muchas gracias. | **Děkuju mockrát.**
[dekuju motskra:t]

De verdad lo aprecio. | **Opravdu si toho vážím.**
[opravdu sı toho va:ʒi:m]

Se lo agradezco. | **Jsem vám opravdu vděčný /vděčná/.**
[jsɛm va:m opravdu vdetʃni: /vdetʃna:/]

Se lo agradecemos. | **Jsme vám opravdu vděční.**
[jsmɛ va:m opravdu vdetʃni:]

Gracias por su tiempo. | **Děkuju za váš čas.**
[dekuju za va:ʃ tʃas]

Gracias por todo. | **Děkuju za všechno.**
[dekuju za vʃɛxno]

Gracias por ... | **Děkuju za ...**
[dekuju za ...]

su ayuda | **vaši pomoc**
[vaʃı pomots]

tan agradable momento | **příjemně strávený čas**
[prʒi:jɛme stra:vɛnı tʃas]

una comida estupenda | **skvělé jídlo**
[skvelɛ: ji:dlo]

una velada tan agradable | **příjemný večer**
[prʒi:jɛmnı vɛtʃɛr]

un día maravilloso | **nádherný den**
[na:dhɛrni: dɛn]

un viaje increíble | **úžasnou cestu**
[u:ʒasnou tsɛstu]

No hay de qué. | **To nestojí za řeč.**
[to nɛstoji: za rʒɛtʃ]

De nada. | **Není zač.**
[nɛni: zatʃ]

Siempre a su disposición. | **Je mi potěšením.**
[jɛ mı potɛʃɛni:m]

Encanto /Encantada/ de ayudarle. | **S radostí.**
[s radosti:]

No hay de qué. | **To nestojí za řeč.**
[to nɛstoji: za rʒɛtʃ]

No tiene importancia. | **Tím se netrapte.**
[ti:m sɛ nɛtraptɛ]

Felicitaciones , Mejores Deseos

¡Felicidades!

Blahopřeju!
[blahoprʒɛju!]

¡Feliz Cumpleaños!

Všechno nejlepší k narozeninám!
[vʃɛxno nɛjlɛpʃiː k narozɛnɪnaːm!]

¡Feliz Navidad!

Veselé Vánoce!
[vɛsɛlɛ: va:notsɛ!]

¡Feliz Año Nuevo!

Šťastný nový rok!
[ʃtʼastni: novi: rok!]

¡Felices Pascuas!

Veselé Velikonoce!
[vɛsɛlɛ: vɛlɪkonotsɛ!]

¡Feliz Hanukkah!

Šťastnou Chanuku!
[ʃtʼastnou xanuku!]

Quiero brindar.

Chtěl /Chtěla/ bych pronést přípitek.
[xtel /xtela/ bɪx pronɛ:st prʒi:pɪtɛk]

¡Salud!

Na zdraví!
[na zdravi:!]

¡Brindemos por ...!

Pojďme se napít na ...!
[pojdʲmɛ sɛ napi:t na ...!]

¡A nuestro éxito!

Na náš úspěch!
[na na:ʃ u:spex!]

¡A su éxito!

Na váš úspěch!
[na va:ʃ u:spex!]

¡Suerte!

Hodně štěstí!
[hodne ʃtesti:!]

¡Que tenga un buen día!

Hezký den!
[hɛski: dɛn!]

¡Que tenga unas buenas vacaciones!

Hezkou dovolenou!
[hɛskou dovolɛnou!]

¡Que tenga un buen viaje!

Šťastnou cestu!
[ʃtʼastnou tsɛstu!]

¡Espero que se recupere pronto!

Doufám, že se brzy uzdravíte!
[doufa:m, ʒe sɛ brzɪ uzdravi:tɛ!]

Socializarse

¿Por qué está triste?

Proč jste smutný /smutná/?
[protʃ jstɛ smutni: /smutna:/?]

¡Sonría! ¡Anímese!

Usmějte se! Hlavu vzhůru!
[usmnejtɛ sɛ! hlavu vzhu:ru!]

¿Está libre esta noche?

Máte dnes večer čas?
[ma:tɛ dnɛs vɛtʃɛr tʃas?]

¿Puedo ofrecerle algo de beber?

Můžu vám nabídnout něco k pití?
[mu:ʒu va:m nabi:dnout netso k pɪti:?]

¿Querría bailar conmigo?

Smím prosít?
[smi:m prosi:t?]

Vamos a ir al cine.

Nechcete jít do kina?
[nɛxtsɛtɛ ji:t do kɪna?]

¿Puedo invitarle a ...?

Můžu vás pozvat ...?
[mu:ʒu va:s pozvat ...?]

un restaurante

do restaurace
[do rɛstauratsɛ]

el cine

do kina
[do kɪna]

el teatro

do divadla
[do dɪvadla]

dar una vuelta

na procházku
[na proxa:sku]

¿A qué hora?

V kolik hodin?
[v kolɪk hodɪn?]

esta noche

dnes večer
[dnɛs vɛtʃɛr]

a las seis

v šest
[v ʃɛst]

a las siete

v sedm
[v sɛdm]

a las ocho

v osm
[v osm]

a las nueve

v devět
[v dɛvet]

¿Le gusta este lugar?

Líbí se vám tady?
[li:bi: sɛ va:m tadɪ?]

¿Está aquí con alguien?

Jste tady s někým?
[jstɛ tadɪ s neki:m?]

Estoy con mi amigo /amiga/.

Jsem tady s přítelem /přítelkyní/.
[jsɛm tadɪ s prʒi:tɛlɛm /prʒi:tɛlkɪni:/]

Estoy con amigos.	**Jsem tady s přáteli.** [jsɛm tadɪ s prʒa:tɛlɪ]
No, estoy solo /sola/.	**Ne, jsem tady sám /sama/.** [nɛ, jsɛm tadɪ sa:m /sama/]

¿Tienes novio?	**Máš přítele?** [ma:ʃ prʃi:tɛlɛ?]
Tengo novio.	**Mám přítele.** [ma:m prʃi:tɛlɛ]
¿Tienes novia?	**Máš přítelkyni?** [ma:ʃ prʃi:tɛlkɪnɪ?]
Tengo novia.	**Mám přítelkyni.** [ma:m prʃi:tɛlkɪnɪ]

¿Te puedo volver a ver?	**Můžu tě zase vidět?** [mu:ʒu te zasɛ vɪdet?]
¿Te puedo llamar?	**Můžu ti zavolat?** [mu:ʒu tɪ zavolat?]
Llámame.	**Zavolej mi.** [zavolɛj mɪ]
¿Cuál es tu número?	**Jaké je tvoje číslo?** [jakɛ: jɛ tvojɛ tʃi:slo?]
Te echo de menos.	**Stýská se mi po tobě.** [sti:ska: sɛ mɪ po tobe]

¡Qué nombre tan bonito!	**Máte krásné jméno.** [ma:tɛ kra:snɛ: jmɛ:no]
Te quiero.	**Miluju tě.** [mɪluju te]
¿Te casarías conmigo?	**Vezmeš si mě?** [vɛzmɛʃ sɪ mne?]
¡Está de broma!	**Děláte si legraci!** [dela:tɛ sɪ lɛgratsɪ!]
Sólo estoy bromeando.	**Žertoval /Žertovala/ jsem.** [ʒertoval /ʒertovala/ jsɛm]

¿En serio?	**Myslíte to vážně?** [mɪsli:tɛ to va:ʒne?]
Lo digo en serio.	**Myslím to vážně.** [mɪsli:m to va:ʒne]
¿De verdad?	**Opravdu?!** [opravdu?!]
¡Es increíble!	**To je neuvěřitelné!** [to jɛ nɛuverʒɪtɛlnɛ:!]
No le creo.	**Nevěřím vám.** [nɛverʒi:m va:m]
No puedo.	**Nemůžu.** [nɛmu:ʒu]
No lo sé.	**Nevím.** [nɛvi:m]
No le entiendo.	**Nerozumím vám.** [nɛrozumi:m va:m]

Váyase, por favor.	**Odejděte prosím.** [odɛjdetɛ prosi:m]
¡Déjeme en paz!	**Nechte mě na pokoji!** [nɛxtɛ mne na pokojɪ!]

Es inaguantable.	**Nesnáším ho.** [nɛsna:ʃi:m ho]
¡Es un asqueroso!	**Jste odporný!** [jstɛ otporni:!]
¡Llamaré a la policía!	**Zavolám policii!** [zavola:m polɪtsɪjɪ!]

Compartir impresiones. Emociones

Me gusta.	**Líbí se mi to.** [li:bi: sɛ mɪ to]
Muy lindo.	**Moc pěkné.** [mots peknɛ:]
¡Es genial!	**To je skvělé!** [to jɛ skvelɛ:!]
No está mal.	**To není špatné.** [to nɛni: ʃpatnɛ:]

No me gusta.	**Nelíbí se mi to.** [nɛli:bi: sɛ mɪ to]
No está bien.	**To není dobře.** [to nɛni: dobrʒɛ]
Está mal.	**To je špatné.** [to jɛ ʃpatnɛ:]
Está muy mal.	**Je to moc špatné.** [jɛ to mots ʃpatnɛ:]
¡Qué asco!	**To je odporné.** [to jɛ otpornɛ:]

Estoy feliz.	**Jsem šťastný /šťastná/.** [jsɛm ʃťastni: /ʃťastna:/]
Estoy contento /contenta/.	**Jsem spokojený /spokojená/.** [jsɛm spokojɛni: /spokojɛna:/]
Estoy enamorado /enamorada/.	**Jsem zamilovaný /zamilovaná/.** [jsɛm zamɪlovani: /zamɪlovana:/]
Estoy tranquilo.	**Jsem klidný /klidná/.** [jsɛm klɪdni: /klɪdna:/]
Estoy aburrido.	**Nudím se.** [nudi:m sɛ]

Estoy cansado /cansada/.	**Jsem unavený /unavená/.** [jsɛm unavɛni: /unavɛna:/]
Estoy triste.	**Jsem smutný /smutná/.** [jsɛm smutni: /smutna:/]
Estoy asustado.	**Jsem vystrašený /vystrašená/.** [jsɛm vɪstraʃɛni: /vɪstraʃɛna:/]
Estoy enfadado /enfadada/.	**Zlobím se.** [zlobi:m sɛ]

Estoy preocupado /preocupada/.	**Mám starosti.** [ma:m starostɪ]
Estoy nervioso /nerviosa/.	**Jsem nervózní.** [jsɛm nɛrvózni:]

Estoy celoso /celosa/.	**Žárlím.** [ʒaːrliːm]
Estoy sorprendido /sorprendida/.	**Jsem překvapený /překvapená/.** [jsɛm prʒɛkvapɛni: /prʒɛkvapɛna:/]
Estoy perplejo /perpleja/.	**Jsem zmatený /zmatená/.** [jsɛm zmatɛni: /zmatɛna:/]

Problemas, Accidentes

Tengo un problema.	**Mám problém.** [ma:m problɛ:m]
Tenemos un problema.	**Máme problém.** [ma:mɛ problɛ:m]
Estoy perdido /perdida/.	**Ztratil /Ztratila/ jsem se.** [stratɪl /stratɪla/ jsɛm sɛ]
Perdí el último autobús (tren).	**Zmeškal /Zmeškala/ jsem poslední autobus (vlak).** [zmɛʃkal /zmɛʃkala/ jsɛm poslɛdni: autobus (vlak)]
No me queda más dinero.	**Už nemám žádné peníze.** [uʒ nɛma:m ʒa:dnɛ: pɛni:zɛ]

He perdido ...	**Ztratil /Ztratila/ jsem ...** [stratɪl /stratɪla/ jsɛm ...]
Me han robado ...	**Někdo mi ukradl ...** [negdo mɪ ukradl ...]
mi pasaporte	**pas** [pas]
mi cartera	**peněženku** [pɛneʒeŋku]
mis papeles	**dokumenty** [dokumɛntɪ]
mi billete	**vstupenku** [vstupɛŋku]

mi dinero	**peníze** [pɛni:zɛ]
mi bolso	**kabelku** [kabɛlku]
mi cámara	**fotoaparát** [fotoapara:t]
mi portátil	**počítač** [potʃi:tatʃ]
mi tableta	**tablet** [tablɛt]
mi teléfono	**mobilní telefon** [mobɪlni: tɛlɛfon]

¡Ayúdeme!	**Pomozte mi!** [pomoztɛ mɪ!]
¿Qué pasó?	**Co se stalo?** [tso sɛ stalo?]

el incendio	**požár** [poʒaːr]
un tiroteo	**střelba** [strʒɛlba]
el asesinato	**vražda** [vraʒda]
una explosión	**výbuch** [viːbux]
una pelea	**rvačka** [rvatʃka]

¡Llame a la policía!	**Zavolejte policii!** [zavolɛjtɛ polɪtsɪjɪ!]
¡Más rápido, por favor!	**Pospěšte si prosím!** [pospeʃtɛ sɪ prosiːm!]
Busco la comisaría.	**Hledám policejní stanici.** [hlɛdaːm polɪtsɛjniː stanɪtsɪ]
Tengo que hacer una llamada.	**Potřebuju si zavolat.** [potrʒɛbuju sɪ zavolat]
¿Puedo usar su teléfono?	**Můžu si od vás zavolat?** [muːʒu sɪ od vaːs zavolat?]

Me han …	**Byl /Byla/ jsem …** [bɪl /bɪla/ jsɛm …]
asaltado /asaltada/	**přepaden /přepadena/** [prʃɛpadɛn /prʃɛpadɛna/]
robado /robada/	**oloupen /oloupena/** [oloupɛn /oloupɛna/]
violada	**znásilněna** [znaːsɪlnena]
atacado /atacada/	**napaden /napadena/** [napadɛn /napadɛna/]

¿Se encuentra bien?	**Jste v pořádku?** [jstɛ v porʒaːtku?]
¿Ha visto quien a sido?	**Viděl /Viděla/ jste, kdo to byl?** [vɪdel /vɪdela/ jstɛ, gdo to bɪl?]
¿Sería capaz de reconocer a la persona?	**Poznal /Poznala/ byste toho člověka?** [poznal /poznala/ bɪstɛ toho tʃloveka?]
¿Está usted seguro?	**Jste si tím jist /jista/?** [jstɛ sɪ tiːm jɪst /jɪsta/?]

Por favor, cálmese.	**Uklidněte se, prosím.** [uklɪdnetɛ sɛ, prosiːm]
¡Cálmese!	**Uklidněte se!** [uklɪdnetɛ sɛ!]
¡No se preocupe!	**Nebojte se!** [nɛbojtɛ sɛ!]
Todo irá bien.	**Všechno bude v pořádku.** [vʃɛxno budɛ v porʒaːtku]
Todo está bien.	**Vše v pořádku.** [vʃɛ v porʒaːtku]

Venga aquí, por favor.

Pojďte sem, prosím.
[pojdⁱtɛ sɛm, prosiːm]

Tengo unas preguntas para usted.

Mám na vás několik otázek.
[maːm na vaːs nekolɪk otaːzɛk]

Espere un momento, por favor.

Okamžik, prosím.
[okamʒɪk, prosiːm]

¿Tiene un documento de identidad?

Máte nějaký průkaz totožnosti?
[maːtɛ nejaki: pruːkaz totoʒnostɪ?]

Gracias. Puede irse ahora.

Díky. Teď můžete odejít.
[diːkɪ. tɛdʲ muːʒetɛ odɛjiːt]

¡Manos detrás de la cabeza!

Ruce za hlavu!
[rutsɛ za hlavu!]

¡Está arrestado!

Jste zatčen /zatčena/!
[jstɛ zattʃɛn /zattʃɛna/!]

Problemas de salud

Ayudeme, por favor.	**Prosím vás, pomozte mi.** [prosi:m va:s, pomoztɛ mɪ]
No me encuentro bien.	**Necítím se dobře.** [nɛtsi:ti:m sɛ dobrʒɛ]
Mi marido no se encuentra bien.	**Můj manžel se necítí dobře.** [mu:j manʒel sɛ nɛtsi:ti: dobrʒe]
Mi hijo ...	**Můj syn ...** [mu:j sɪn ...]
Mi padre ...	**Můj otec ...** [mu:j otɛts ...]
Mi mujer no se encuentra bien.	**Moje manželka se necítí dobře.** [mojɛ manʒelka sɛ nɛtsi:ti: dobrʒe]
Mi hija ...	**Moje dcera ...** [mojɛ dtsɛra ...]
Mi madre ...	**Moje matka ...** [mojɛ matka ...]
Me duele ...	**Bolí mě ...** [boli: mne ...]
la cabeza	**hlava** [hlava]
la garganta	**v krku** [v krku]
el estómago	**žaludek** [ʒaludɛk]
un diente	**zub** [zup]
Estoy mareado.	**Mám závratě.** [ma:m za:vrate]
Él tiene fiebre.	**On má horečku.** [on ma: horɛtʃku]
Ella tiene fiebre.	**Ona má horečku.** [ona ma: horɛtʃku]
No puedo respirar.	**Nemůžu dýchat.** [nɛmu:ʒu di:xat]
Me ahogo.	**Nemůžu se nadechnout.** [nɛmu:ʒu sɛ nadɛxnout]
Tengo asma.	**Jsem astmatik /astmatička/.** [jsɛm astmatɪk /astmatɪtʃka/]
Tengo diabetes.	**Jsem diabetik /diabetička/.** [jsɛm dɪabɛtɪk /dɪabɛtɪtʃka/]

No puedo dormir.

intoxicación alimentaria

Nemůžu spát.
[nɛmu:ʒu spa:t]

otrava z jídla
[otrava z ji:dla]

Me duele aquí.

¡Ayúdeme!

¡Estoy aquí!

¡Estamos aquí!

¡Saquenme de aquí!

Necesito un médico.

No me puedo mover.

No puedo mover mis piernas.

Tady to bolí.
[tadɪ to boli:]

Pomozte mi!
[pomoztɛ mɪ!]

Tady jsem!
[tadɪ jsɛm!]

Tady jsme!
[tadɪ jsmɛ!]

Dostaňte mě odtud!
[dostaňtɛ mne odtut!]

Potřebuju doktora.
[potrʒɛbuju doktora]

Nemůžu se hýbat.
[nɛmu:ʒu sɛ hi:bat]

Nemůžu hýbat nohama.
[nɛmu:ʒu hi:bat nohama]

Tengo una herida.

¿Es grave?

Mis documentos están en mi bolsillo.

¡Cálmese!

¿Puedo usar su teléfono?

Jsem zraněný /zraněná/.
[jsɛm zraneni: /zranena:/]

Je to vážné?
[jɛ to va:ʒnɛ:?]

Doklady mám v kapse.
[dokladɪ ma:m v kapsɛ]

Uklidněte se!
[uklɪdnetɛ sɛ!]

Můžu si od vás zavolat?
[mu:ʒu sɪ od va:s zavolat?]

¡Llame a una ambulancia!

¡Es urgente!

¡Es una emergencia!

¡Más rápido, por favor!

¿Puede llamar a un médico, por favor?

¿Dónde está el hospital?

Zavolejte sanitku!
[zavolɛjtɛ sanɪtku!]

Je to urgentní!
[jɛ to urgɛntni:!]

To je pohotovost!
[to jɛ pohotovost!]

Prosím vás, pospěšte si!
[prosi:m va:s, pospɛjtɛ sɪ!]

**Zavolal /Zavolala/ byste
prosím lékaře?**
[zavolal /zavolala/ bɪstɛ
prosi:m lɛ:karʒɛ?]

Kde je nemocnice?
[gdɛ jɛ nɛmotsnɪtsɛ?]

¿Cómo se siente?

¿Se encuentra bien?

Jak se cítíte?
[jak sɛ tsi:ti:tɛ?]

Jste v pořádku?
[jstɛ v porʒa:tku?]

¿Qué pasó?

Co se stalo?
[tso sɛ stalo?]

Me encuentro mejor.

Teď už se cítím líp.
[tɛdʲ uʒ sɛ tsiːtiːm liːp]

Está bien.

To je v pořádku.
[to jɛ v porʒaːtku]

Todo está bien.

To je v pořádku.
[to jɛ v porʒaːtku]

En la farmacia

la farmacia	**lékárna** [lɛːkaːrna]
la farmacia 24 horas	**non-stop lékárna** [non-stop lɛːkaːrna]
¿Dónde está la farmacia más cercana?	**Kde je nejbližší lékárna?** [gdɛ jɛ nɛjblɪʒʃiː leːkaːrna?]
¿Está abierta ahora?	**Mají teď otevřeno?** [majiː tɛdʲ otɛvrʒɛno?]
¿A qué hora abre?	**V kolik hodin otvírají?** [v kolɪk hodɪn otviːrajiː?]
¿A qué hora cierra?	**V kolik hodin zavírají?** [v kolɪk hodɪn zaviːrajiː?]
¿Está lejos?	**Je to daleko?** [jɛ to dalɛko?]
¿Puedo llegar a pie?	**Dostanu se tam pěšky?** [dostanu sɛ tam pɛʃkɪ?]
¿Puede mostrarme en el mapa?	**Můžete mi to ukázat na mapě?** [muːʒetɛ mɪ to ukaːzat na mape?]
Por favor, deme algo para ...	**Můžete mi prosím vás dát něco na ...** [muːʒetɛ mɪ prosiːm vaːs daːt netso na]
un dolor de cabeza	**bolení hlavy** [bolɛniː hlavɪ]
la tos	**kašel** [kaʃɛl]
el resfriado	**nachlazení** [naxlazɛniː]
la gripe	**chřipka** [xrʃɪpka]
la fiebre	**horečka** [horɛtʃka]
un dolor de estomago	**bolesti v žaludku** [bolɛstɪ v ʒalutku]
nauseas	**nucení na zvracení** [nutsɛniː na zvratsɛniː]
la diarrea	**průjem** [pruːjɛm]
el estreñimiento	**zácpa** [zaːtspa]
un dolor de espalda	**bolest v zádech** [bolɛst v zaːdɛx]

un dolor de pecho	**bolest na hrudi** [bolɛst na hrudɪ]
el flato	**boční steh** [botʃni: stɛh]
un dolor abdominal	**bolest břicha** [bolɛst brʒɪxa]

la píldora	**pilulka** [pɪlulka]
la crema	**mast, krém** [mast, krɛ:m]
el jarabe	**sirup** [sɪrup]
el spray	**sprej** [sprɛj]
las gotas	**kapky** [kapkɪ]

Tiene que ir al hospital.	**Musíte jít do nemocnice.** [musi:tɛ ji:t do nɛmotsnɪtsɛ]
el seguro de salud	**zdravotní pojištění** [zdravotni: pojɪʃteni:]
la receta	**předpis** [prʃɛtpɪs]
el repelente de insectos	**repelent proti hmyzu** [rɛpɛlɛnt protɪ hmɪzu]
la curita	**náplast** [na:plast]

Lo más imprescindible

Perdone, ...	**Promiňte, ...** [promɪnʲtɛ, ...]
Hola.	**Dobrý den.** [dobriː dɛn]
Gracias.	**Děkuji.** [dekujɪ]

Sí.	**Ano.** [ano]
No.	**Ne.** [nɛ]
No lo sé.	**Nevím.** [nɛviːm]
¿Dónde? | ¿A dónde? | ¿Cuándo?	**Kde? | Kam? | Kdy?** [gdɛ? | kam? | gdɪ?]

Necesito ...	**Potřebuju ...** [potrʒɛbuju ...]
Quiero ...	**Chci ...** [xtsɪ ...]
¿Tiene ...?	**Máte ...?** [maːtɛ ...?]
¿Hay ... por aquí?	**Je tady ...?** [jɛ tadɪ ...?]
¿Puedo ...?	**Můžu ...?** [muːʒu ...?]
..., por favor? (petición educada)	**..., prosím** [..., prosiːm]

Busco ...	**Hledám ...** [hlɛdaːm ...]
el servicio	**toaletu** [toalɛtu]
un cajero automático	**bankomat** [baŋkomat]
una farmacia	**lékárnu** [lɛːkaːrnu]
el hospital	**nemocnici** [nɛmotsnɪtsɪ]

la comisaría	**policejní stanici** [polɪtsɛjniː stanɪtsɪ]
el metro	**metro** [mɛtro]

un taxi	**taxík** [taksi:k]
la estación de tren	**vlakové nádraží** [vlakovɛ: na:draʒi:]

Me llamo ...	**Jmenuju se ...** [jmɛnuju sɛ ...]
¿Cómo se llama?	**Jak se jmenujete?** [jak sɛ jmɛnujɛtɛ?]
¿Puede ayudarme, por favor?	**Můžete mi prosím pomoct?** [mu:ʒetɛ mɪ prosi:m pomotst?]
Tengo un problema.	**Mám problém.** [ma:m problɛ:m]
Me encuentro mal.	**Necítím se dobře.** [nɛtsi:ti:m sɛ dobrʒɛ]
¡Llame a una ambulancia!	**Zavolejte sanitku!** [zavolɛjtɛ sanɪtku!]
¿Puedo llamar, por favor?	**Můžu si zavolat?** [mu:ʒu sɪ zavolat?]

Lo siento.	**Omlouvám se.** [omlouva:m sɛ]
De nada.	**Není zač.** [nɛni: zatʃ]

Yo	**Já** [ja:]
tú	**ty** [tɪ]
él	**on** [on]
ella	**ona** [ona]
ellos	**oni** [onɪ]
ellas	**ony** [onɪ]
nosotros /nosotras/	**my** [mɪ]
ustedes, vosotros	**vy** [vɪ]
usted	**vy** [vɪ]

ENTRADA	**VCHOD** [vxot]
SALIDA	**VÝCHOD** [vi:xot]
FUERA DE SERVICIO	**MIMO PROVOZ** [mɪmo provos]
CERRADO	**ZAVŘENO** [zavrʒɛno]

ABIERTO

OTEVŘENO
[otɛvrʒɛno]

PARA SEÑORAS

ŽENY
[ʒenɪ]

PARA CABALLEROS

MUŽI
[muʒɪ]

T&P
BOOKS

DICCIONARIO CONCISO

Esta sección contiene más
de 1.500 palabras útiles.
El diccionario incluye muchos
términos gastronómicos
y será de gran ayuda para
pedir alimentos en un
restaurante o comprando
comestibles en la tienda

T&P Books Publishing

CONTENIDO
DEL DICCIONARIO

T&P Books Publishing

1. La hora. El calendario

tiempo (m)	**čas** (m)	[ʧas]
hora (f)	**hodina** (ž)	[hodɪna]
media hora (f)	**půlhodina** (ž)	[puːlhodɪna]
minuto (m)	**minuta** (ž)	[mɪnuta]
segundo (m)	**sekunda** (ž)	[sɛkunda]
hoy (adv)	**dnes**	[dnɛs]
mañana (adv)	**zítra**	[ziːtra]
ayer (adv)	**včera**	[vʧɛra]
lunes (m)	**pondělí** (s)	[pondeliː]
martes (m)	**úterý** (s)	[uːtɛriː]
miércoles (m)	**středa** (ž)	[strʃɛda]
jueves (m)	**čtvrtek** (m)	[ʧtvrtɛk]
viernes (m)	**pátek** (m)	[paːtɛk]
sábado (m)	**sobota** (ž)	[sobota]
domingo (m)	**neděle** (ž)	[nɛdelɛ]
día (m)	**den** (m)	[dɛn]
día (m) de trabajo	**pracovní den** (m)	[praʦovniː dɛn]
día (m) de fiesta	**sváteční den** (m)	[svaːtɛʧni dɛn]
fin (m) de semana	**víkend** (m)	[viːkɛnt]
semana (f)	**týden** (m)	[tiːdɛn]
semana (f) pasada	**minulý týden**	[mɪnuli tiːdɛn]
semana (f) que viene	**příští týden**	[prʃiːʃti tiːdɛn]
salida (f) del sol	**východ** (m) **slunce**	[viːxod slunʦɛ]
puesta (f) del sol	**západ** (m) **slunce**	[zaːpat slunʦɛ]
por la mañana	**ráno**	[raːno]
por la tarde	**odpoledne**	[otpolɛdnɛ]
por la noche	**večer**	[vɛʧɛr]
esta noche	**dnes večer**	[dnɛs vɛʧɛr]
(p.ej. 8:00 p.m.)		
por la noche	**v noci**	[v noʦɪ]
medianoche (f)	**půlnoc** (ž)	[puːlnoʦ]
enero (m)	**leden** (m)	[lɛdɛn]
febrero (m)	**únor** (m)	[uːnor]
marzo (m)	**březen** (m)	[brʒɛzɛn]
abril (m)	**duben** (m)	[dubɛn]
mayo (m)	**květen** (m)	[kvetɛn]
junio (m)	**červen** (m)	[ʧɛrvɛn]
julio (m)	**červenec** (m)	[ʧɛrvɛnɛʦ]

agosto (m)	**srpen** (m)	[srpɛn]
septiembre (m)	**září** (s)	[zaːrʒiː]
octubre (m)	**říjen** (m)	[rʒiːjɛn]
noviembre (m)	**listopad** (m)	[lɪstopat]
diciembre (m)	**prosinec** (m)	[prosɪnɛʦ]
en primavera	**na jaře**	[na jarʒɛ]
en verano	**v létě**	[v lɛːte]
en otoño	**na podzim**	[na podzɪm]
en invierno	**v zimě**	[v zɪmne]
mes (m)	**měsíc** (m)	[mnesiːʦ]
estación (f)	**období** (s)	[obdobiː]
año (m)	**rok** (m)	[rok]
siglo (m)	**století** (s)	[stolɛtiː]

2. Números. Los numerales

cifra (f)	**číslice** (ž)	[ʧiːslɪʦɛ]
número (m) (~ cardinal)	**číslo** (s)	[ʧiːslo]
menos (m)	**minus** (m)	[miːnus]
más (m)	**plus** (m)	[plus]
suma (f)	**součet** (m)	[souʧɛt]
primero (adj)	**první**	[prvniː]
segundo (adj)	**druhý**	[druhiː]
tercero (adj)	**třetí**	[trʃɛtiː]
cero	**nula** (ž)	[nula]
uno	**jeden**	[jɛdɛn]
dos	**dva**	[dva]
tres	**tři**	[trʃɪ]
cuatro	**čtyři**	[ʧtɪrʒɪ]
cinco	**pět**	[pet]
seis	**šest**	[ʃɛst]
siete	**sedm**	[sɛdm]
ocho	**osm**	[osm]
nueve	**devět**	[dɛvet]
diez	**deset**	[dɛsɛt]
once	**jedenáct**	[jɛdɛnaːʦt]
doce	**dvanáct**	[dvanaːʦt]
trece	**třináct**	[trʃɪnaːʦt]
catorce	**čtrnáct**	[ʧtrnaːʦt]
quince	**patnáct**	[patnaːʦt]
dieciséis	**šestnáct**	[ʃɛstnaːʦt]
diecisiete	**sedmnáct**	[sɛdmnaːʦt]
dieciocho	**osmnáct**	[osmnaːʦt]

diecinueve	devatenáct	[dɛvatɛnaːʦt]
veinte	dvacet	[dvaʦɛt]
treinta	třicet	[trʃɪʦɛt]
cuarenta	čtyřicet	[ʨtɪrʒɪʦɛt]
cincuenta	padesát	[padesaːt]

sesenta	šedesát	[ʃɛdɛsaːt]
setenta	sedmdesát	[sɛdmdɛsaːt]
ochenta	osmdesát	[osmdɛsaːt]
noventa	devadesát	[dɛvadɛsaːt]
cien	sto	[sto]
doscientos	dvě stě	[dve ste]
trescientos	tři sta	[trʃɪ sta]
cuatrocientos	čtyři sta	[ʨtɪrʒɪ sta]
quinientos	pět set	[pet sɛt]

seiscientos	šest set	[ʃɛst sɛt]
setecientos	sedm set	[sɛdm sɛt]
ochocientos	osm set	[osm sɛt]
novecientos	devět set	[dɛvet sɛt]
mil	tisíc (m)	[tɪsiːʦ]

diez mil	deset tisíc	[dɛsɛt tɪsiːʦ]
cien mil	sto tisíc	[sto tɪsiːʦ]
millón (m)	milión (m)	[mɪlɪoːn]
mil millones	miliarda (ž)	[mɪlɪarda]

3. El ser humano. Los familiares

hombre (m) (varón)	muž (m)	[muʃ]
joven (m)	jinoch (m)	[jɪnox]
adolescente (m)	výrostek (m)	[viːrostɛk]
mujer (f)	žena (ž)	[ʒena]
muchacha (f)	slečna (ž)	[slɛʨna]

edad (f)	věk (m)	[vek]
adulto	dospělý	[dospeliː]
de edad media (adj)	středního věku	[strʃɛdniːho veku]
anciano, mayor (adj)	starší	[starʃiː]
viejo (adj)	starý	[stariː]

anciano (m)	stařec (m)	[starʒɛʦ]
anciana (f)	stařena (ž)	[starʒɛna]
jubilación (f)	důchod (m)	[duːxot]
jubilarse	odejít do důchodu	[odɛjiːt do duːxodu]
jubilado (m)	důchodce (m)	[duːxodʦɛ]

madre (f)	matka (ž)	[matka]
padre (m)	otec (m)	[otɛʦ]
hijo (m)	syn (m)	[sɪn]

hija (f)	dcera (ž)	[dtsɛra]
hermano (m)	bratr (m)	[bratr]
hermana (f)	sestra (ž)	[sɛstra]

padres (pl)	rodiče (m mn)	[roditʃɛ]
niño -a (m, f)	dítě (s)	[di:te]
niños (pl)	děti (ž mn)	[detɪ]
madrastra (f)	nevlastní matka (ž)	[nɛvlastni: matka]
padrastro (m)	nevlastní otec (m)	[nɛvlastni: otɛts]

abuela (f)	babička (ž)	[babɪtʃka]
abuelo (m)	dědeček (m)	[dedɛtʃɛk]
nieto (m)	vnuk (m)	[vnuk]
nieta (f)	vnučka (ž)	[vnutʃka]
nietos (pl)	vnuci (m mn)	[vnutsɪ]

tío (m)	strýc (m)	[stri:ts]
tía (f)	teta (ž)	[tɛta]
sobrino (m)	synovec (m)	[sɪnovɛts]
sobrina (f)	neteř (ž)	[nɛtɛrʃ]

mujer (f)	žena (ž)	[ʒena]
marido (m)	muž (m)	[muʃ]
casado (adj)	ženatý	[ʒenati:]
casada (adj)	vdaná	[vdana:]
viuda (f)	vdova (ž)	[vdova]
viudo (m)	vdovec (m)	[vdovɛts]

nombre (m)	jméno (s)	[jmɛ:no]
apellido (m)	příjmení (s)	[prʃi:jmɛni:]

pariente (m)	příbuzný (m)	[prʃi:buzni:]
amigo (m)	přítel (m)	[prʃi:tɛl]
amistad (f)	přátelství (s)	[prʃa:tɛlstvi:]

compañero (m)	partner (m)	[partnɛr]
superior (m)	vedoucí (m)	[vɛdoutsi:]
colega (m, f)	kolega (m)	[kolɛga]
vecinos (pl)	sousedé (m mn)	[sousɛdɛ:]

4. El cuerpo. La anatomía humana

organismo (m)	organismus (m)	[organɪzmus]
cuerpo (m)	tělo (s)	[telo]
corazón (m)	srdce (s)	[srdtsɛ]
sangre (f)	krev (ž)	[krɛf]
cerebro (m)	mozek (m)	[mozɛk]
nervio (m)	nerv (m)	[nɛrf]
hueso (m)	kost (ž)	[kost]
esqueleto (m)	kostra (ž)	[kostra]

columna (f) vertebral	páteř (ž)	[pa:tɛrʃ]
costilla (f)	žebro (s)	[ʒebro]
cráneo (m)	lebka (ž)	[lɛpka]

músculo (m)	sval (m)	[sval]
pulmones (m pl)	plíce (ž mn)	[pli:tsɛ]
piel (f)	pleť (ž)	[plɛtʲ]

cabeza (f)	hlava (ž)	[hlava]
cara (f)	obličej (ž)	[oblɪtʃɛj]
nariz (f)	nos (m)	[nos]
frente (f)	čelo (s)	[tʃɛlo]
mejilla (f)	tvář (ž)	[tva:rʃ]
boca (f)	ústa (s mn)	[u:sta]
lengua (f)	jazyk (m)	[jazɪk]
diente (m)	zub (m)	[zup]
labios (m pl)	rty (m mn)	[rtɪ]
mentón (m)	brada (ž)	[brada]

oreja (f)	ucho (s)	[uxo]
cuello (m)	krk (m)	[krk]
garganta (f)	hrdlo (s)	[hrdlo]

ojo (m)	oko (s)	[oko]
pupila (f)	zornice (ž)	[zornɪtsɛ]
ceja (f)	obočí (s)	[obotʃi:]
pestaña (f)	řasa (ž)	[rʒasa]

pelo, cabello (m)	vlasy (m mn)	[vlasɪ]
peinado (m)	účes (m)	[u:tʃɛs]
bigote (m)	vousy (m mn)	[vousɪ]
barba (f)	plnovous (m)	[plnovous]
tener (~ la barba)	nosit	[nosɪt]
calvo (adj)	lysý	[lɪsi:]

mano (f)	ruka (ž)	[ruka]
brazo (m)	ruka (ž)	[ruka]
dedo (m)	prst (m)	[prst]

| uña (f) | nehet (m) | [nɛhɛt] |
| palma (f) | dlaň (ž) | [dlanʲ] |

hombro (m)	rameno (s)	[ramɛno]
pierna (f)	noha (ž)	[noha]
planta (f)	chodidlo (s)	[xodɪdlo]

| rodilla (f) | koleno (s) | [kolɛno] |
| talón (m) | pata (ž) | [pata] |

espalda (f)	záda (s mn)	[za:da]
cintura (f), talle (m)	pás (m)	[pa:s]
lunar (m)	mateřské znaménko (s)	[matɛrʃkɛ: znamɛ:ŋko]

5. La medicina. Las drogas

salud (f)	zdraví (s)	[zdravi:]
sano (adj)	zdravý	[zdravi:]
enfermedad (f)	nemoc (ž)	[nɛmoʦ]
estar enfermo	být nemocný	[bi:t nɛmoʦni:]
enfermo (adj)	nemocný	[nɛmoʦni:]
resfriado (m)	nachlazení (s)	[naxlazɛni:]
resfriarse (vr)	nachladit se	[naxladɪt sɛ]
angina (f)	angína (ž)	[angi:na]
pulmonía (f)	zápal (m) plic	[za:pal plɪʦ]
gripe (f)	chřipka (ž)	[xrʃɪpka]
resfriado (m) (coriza)	rýma (ž)	[ri:ma]
tos (f)	kašel (m)	[kaʃɛl]
toser (vi)	kašlat	[kaʃlat]
estornudar (vi)	kýchat	[ki:xat]
insulto (m)	mozková mrtvice (ž)	[moskova: mrtvɪʦɛ]
ataque (m) cardiaco	infarkt (m)	[ɪnfarkt]
alergia (f)	alergie (ž)	[alɛrgɪe]
asma (f)	astma (s)	[astma]
diabetes (f)	cukrovka (ž)	[ʦukrofka]
tumor (m)	nádor (m)	[na:dor]
cáncer (m)	rakovina (ž)	[rakovɪna]
alcoholismo (m)	alkoholismus (m)	[alkoholɪzmus]
SIDA (m)	AIDS (m)	[ajts]
fiebre (f)	zimnice (ž)	[zɪmnɪʦɛ]
mareo (m)	mořská nemoc (ž)	[morʃka: nɛmoʦ]
moradura (f)	modřina (ž)	[modrʒɪna]
chichón (m)	boule (ž)	[boulɛ]
cojear (vi)	kulhat	[kulhat]
dislocación (f)	vykloubení (s)	[vɪkloubɛni:]
dislocar (vt)	vykloubit	[vɪkloubɪt]
fractura (f)	zlomenina (ž)	[zlomɛnɪna]
quemadura (f)	popálenina (ž)	[popa:lɛnɪna]
herida (f)	pohmoždění (s)	[pohmoʒdeni:]
dolor (m)	bolest (ž)	[bolɛst]
dolor (m) de muelas	bolení (s) zubů	[bolɛni: zubu:]
sudar (vi)	potit se	[potɪt sɛ]
sordo (adj)	hluchý	[hluxi:]
mudo (adj)	němý	[nemi:]
inmunidad (f)	imunita (ž)	[ɪmunɪta]
virus (m)	virus (m)	[vɪrus]
microbio (m)	mikrob (m)	[mɪkrop]

bacteria (f)	baktérie (ž)	[baktɛ:rɪe]
infección (f)	infekce (ž)	[ɪnfɛktsɛ]

hospital (m)	nemocnice (ž)	[nɛmotsnɪtsɛ]
cura (f)	léčení (s)	[lɛ:tʃɛni:]
vacunar (vt)	dělat očkování	[delat otʃkova:ni:]
estar en coma	být v kómatu	[bi:t v ko:matu]
revitalización (f)	reanimace (ž)	[rɛanɪmatsɛ]
síntoma (m)	příznak (m)	[prʃi:znak]
pulso (m)	tep (m)	[tɛp]

6. Los sentimientos. Las emociones

yo	já	[ja:]
tú	ty	[tɪ]
él	on	[on]
ella	ona	[ona]

nosotros, -as	my	[mɪ]
vosotros, -as	vy	[vɪ]
ellos, ellas (inanim.)	ony	[onɪ]
ellos, ellas (anim.)	oni	[onɪ]

¡Hola! (fam.)	Dobrý den!	[dobri: dɛn]
¡Hola! (form.)	Dobrý den!	[dobri: dɛn]
¡Buenos días!	Dobré jitro!	[dobrɛ: jɪtro]
¡Buenas tardes!	Dobrý den!	[dobri: dɛn]
¡Buenas noches!	Dobrý večer!	[dobri: vɛtʃɛr]

decir hola	zdravit	[zdravɪt]
saludar (vt)	zdravit	[zdravɪt]
¿Cómo estás?	Jak se máte?	[jak sɛ ma:tɛ]
¡Chau! ¡Adiós!	Na shledanou!	[na sxlɛdanou]
¡Gracias!	Děkuji!	[dekujɪ]

sentimientos (m pl)	pocity (m mn)	[potsɪtɪ]
tener hambre	mít hlad	[mi:t hlat]
tener sed	mít žízeň	[mi:t ʒi:zɛnʲ]
cansado (adj)	unavený	[unavɛni:]

inquietarse (vr)	znepokojovat se	[znɛpokojovat sɛ]
estar nervioso	být nervózní	[bi:t nɛrvo:zni:]
esperanza (f)	naděje (ž)	[nadejɛ]
esperar (tener esperanza)	doufat	[doufat]

carácter (m)	povaha (ž)	[povaha]
modesto (adj)	skromný	[skromni:]
perezoso (adj)	líný	[li:ni:]
generoso (adj)	štědrý	[ʃtedri:]
talentoso (adj)	nadaný	[nadani:]

honesto (adj)	poctivý	[potstɪvi:]
serio (adj)	vážný	[va:ʒni:]
tímido (adj)	nesmělý	[nɛsmneli:]
sincero (adj)	upřímný	[uprʃi:mni:]
cobarde (m)	zbabělec (m)	[zbabelɛts]
dormir (vi)	spát	[spa:t]
sueño (m) (dulces ~s)	sen (m)	[sɛn]
cama (f)	lůžko (s)	[lu:ʃko]
almohada (f)	polštář (m)	[polʃta:rʃ]
insomnio (m)	nespavost (ž)	[nɛspavost]
irse a la cama	jít spát	[ji:t spa:t]
pesadilla (f)	noční můra (ž)	[notʃni: mu:ra]
despertador (m)	budík (m)	[budi:k]
sonrisa (f)	úsměv (m)	[u:smnef]
sonreír (vi)	usmívat se	[usmi:vat sɛ]
reírse (vr)	smát se	[sma:t sɛ]
disputa (f), riña (f)	hádka (ž)	[ha:tka]
insulto (m)	urážka (ž)	[ura:ʃka]
ofensa (f)	urážka (ž)	[ura:ʃka]
enfadado (adj)	rozčilený	[roztʃɪleni:]

7. La ropa. Accesorios personales

ropa (f)	oblečení (s)	[oblɛtʃɛni:]
abrigo (m)	kabát (m)	[kaba:t]
abrigo (m) de piel	kožich (m)	[koʒɪx]
cazadora (f)	bunda (ž)	[bunda]
impermeable (m)	plášť (m)	[pla:ʃtʲ]
camisa (f)	košile (ž)	[koʃɪlɛ]
pantalones (m pl)	kalhoty (ž mn)	[kalhotɪ]
chaqueta (f), saco (m)	sako (s)	[sako]
traje (m)	pánský oblek (m)	[pa:nski: oblɛk]
vestido (m)	šaty (m mn)	[ʃatɪ]
falda (f)	sukně (ž)	[sukne]
camiseta (f) (T-shirt)	tričko (s)	[trɪtʃko]
bata (f) de baño	župan (m)	[ʒupan]
pijama (m)	pyžamo (s)	[piʒamo]
ropa (f) de trabajo	pracovní oděv (m)	[pratsovni: odef]
ropa (f) interior	spodní prádlo (s)	[spodni: pra:dlo]
calcetines (m pl)	ponožky (ž mn)	[ponoʃkɪ]
sostén (m)	podprsenka (ž)	[potprsɛŋka]
pantimedias (f pl)	punčochové kalhoty (ž mn)	[puntʃoxovɛ: kalgotɪ]
medias (f pl)	punčochy (ž mn)	[puntʃoxɪ]
traje (m) de baño	plavky (ž mn)	[plafkɪ]

gorro (m)	čepice (ž)	[ʧɛpɪtsɛ]
calzado (m)	obuv (ž)	[obuf]
botas (f pl) altas	holínky (ž mn)	[holi:ŋkɪ]
tacón (m)	podpatek (m)	[potpatɛk]
cordón (m)	tkanička (ž)	[tkanɪʧka]
betún (m)	krém (m) na boty	[krɛ:m na botɪ]
algodón (m)	bavlna (ž)	[bavlna]
lana (f)	vlna (ž)	[vlna]
piel (f) (~ de zorro, etc.)	kožešina (ž)	[koʒeʃɪna]
guantes (m pl)	rukavice (ž mn)	[rukavɪtsɛ]
manoplas (f pl)	palčáky (m mn)	[palʧa:kɪ]
bufanda (f)	šála (ž)	[ʃa:la]
gafas (f pl)	brýle (ž mn)	[bri:lɛ]
paraguas (m)	deštník (m)	[dɛʃtni:k]
corbata (f)	kravata (ž)	[kravata]
moquero (m)	kapesník (m)	[kapesni:k]
peine (m)	hřeben (m)	[hrʒɛbɛn]
cepillo (m) de pelo	kartáč (m) na vlasy	[karta:ʧ na vlasɪ]
hebilla (f)	spona (ž)	[spona]
cinturón (m)	pás (m)	[pa:s]
bolso (m)	kabelka (ž)	[kabɛlka]
cuello (m)	límec (m)	[li:mɛts]
bolsillo (m)	kapsa (ž)	[kapsa]
manga (f)	rukáv (m)	[ruka:f]
bragueta (f)	poklopec (m)	[poklopɛts]
cremallera (f)	zip (m)	[zɪp]
botón (m)	knoflík (m)	[knofli:k]
ensuciarse (vr)	ušpinit se	[uʃpɪnɪt sɛ]
mancha (f)	skvrna (ž)	[skvrna]

8. La ciudad. Las instituciones urbanas

tienda (f)	obchod (m)	[obxot]
centro (m) comercial	obchodní středisko (s)	[obxodni: strʃɛdɪsko]
supermercado (m)	supermarket (m)	[supɛrmarket]
zapatería (f)	obchod (m) s obuví	[obxot s obuvi:]
librería (f)	knihkupectví (s)	[knɪxkupɛtstvi:]
farmacia (f)	lékárna (ž)	[lɛ:ka:rna]
panadería (f)	pekařství (s)	[pɛkarʃstvi:]
pastelería (f)	cukrárna (ž)	[tsukra:rna]
tienda (f) de comestibles	smíšené zboží (s)	[smíʃɛnɛ: zboʒi:]
carnicería (f)	řeznictví (s)	[rʒɛznɪtstvi:]
verdulería (f)	zelinářství (s)	[zɛlɪna:rʃstvi:]
mercado (m)	tržnice (ž)	[trʒnɪtsɛ]

peluquería (f)	holičství (s) a kadeřnictví	[holɪtʃstvi: a kadɛrʒnɪtstvi:]
oficina (f) de correos	pošta (ž)	[poʃta]
tintorería (f)	čistírna (ž)	[tʃɪsti:rna]
circo (m)	cirkus (m)	[tsɪrkus]
zoológico (m)	zoologická zahrada (ž)	[zoologɪtska: zahrada]
teatro (m)	divadlo (s)	[dɪvadlo]
cine (m)	biograf (m)	[bɪograf]
museo (m)	muzeum (s)	[muzɛum]
biblioteca (f)	knihovna (ž)	[knɪhovna]
mezquita (f)	mešita (ž)	[mɛʃɪta]
sinagoga (f)	synagóga (ž)	[sinago:ga]
catedral (f)	katedrála (ž)	[katɛdra:la]
templo (m)	chrám (m)	[xra:m]
iglesia (f)	kostel (m)	[kostɛl]
instituto (m)	vysoká škola (ž)	[vɪsoka: ʃkola]
universidad (f)	univerzita (ž)	[unɪvɛrzɪta]
escuela (f)	škola (ž)	[ʃkola]
hotel (m)	hotel (m)	[hotɛl]
banco (m)	banka (ž)	[baŋka]
embajada (f)	velvyslanectví (s)	[vɛlvɪslanɛtstvi:]
agencia (f) de viajes	cestovní kancelář (ž)	[tsɛstovni: kantsɛla:rʃ]
metro (m)	metro (s)	[mɛtro]
hospital (m)	nemocnice (ž)	[nɛmotsnɪtsɛ]
gasolinera (f)	benzínová stanice (ž)	[bɛnzi:nova: stanɪtsɛ]
aparcamiento (m)	parkoviště (s)	[parkovɪʃte]
ENTRADA	VCHOD	[vxot]
SALIDA	VÝCHOD	[vi:xot]
EMPUJAR	TAM	[tam]
TIRAR	SEM	[sɛm]
ABIERTO	OTEVŘENO	[otɛvrʒɛno]
CERRADO	ZAVŘENO	[zavrʒɛno]
monumento (m)	památka (ž)	[pama:tka]
fortaleza (f)	pevnost (ž)	[pɛvnost]
palacio (m)	palác (m)	[pala:ts]
medieval (adj)	středověký	[strʃɛdoveki:]
antiguo (adj)	starobylý	[starobɪli:]
nacional (adj)	národní	[na:rodni:]
conocido (adj)	známý	[zna:mi:]

9. El dinero. Las finanzas

dinero (m)	peníze (m mn)	[pɛni:zɛ]
moneda (f)	mince (ž)	[mɪntsɛ]

dólar (m)	**dolar** (m)	[dolar]
euro (m)	**euro** (s)	[εuro]
cajero (m) automático	**bankomat** (m)	[baŋkomat]
oficina (f) de cambio	**směnárna** (ž)	[smnena:rna]
curso (m)	**kurz** (m)	[kurs]
dinero (m) en efectivo	**hotové peníze** (m mn)	[hotovε: pεni:zε]
¿Cuánto?	**Kolik?**	[kolɪk]
pagar (vi, vt)	**platit**	[platɪt]
pago (m)	**platba** (ž)	[platba]
cambio (m) (devolver el ~)	**peníze** (m mn) **nazpět**	[pεni:zε naspet]
precio (m)	**cena** (ž)	[tsεna]
descuento (m)	**sleva** (ž)	[slεva]
barato (adj)	**levný**	[lεvni:]
caro (adj)	**drahý**	[drahi:]
banco (m)	**banka** (ž)	[baŋka]
cuenta (f)	**účet** (m)	[u:tʃεt]
tarjeta (f) de crédito	**kreditní karta** (ž)	[krεdɪtni: karta]
cheque (m)	**šek** (m)	[ʃεk]
sacar un cheque	**vystavit šek**	[vɪstavɪt ʃεk]
talonario (m)	**šeková knížka** (ž)	[ʃεkova: kni:ʃka]
deuda (f)	**dluh** (m)	[dlux]
deudor (m)	**dlužník** (m)	[dluʒni:k]
prestar (vt)	**půjčit**	[pu:jtʃɪt]
tomar prestado	**půjčit si**	[pu:jtʃɪt sɪ]
alquilar (vt)	**vypůjčit si**	[vɪpu:jtʃɪt sɪ]
a crédito (adv)	**na splátky**	[na spla:tkɪ]
cartera (f)	**náprsní taška** (ž)	[na:prsni: taʃka]
caja (f) fuerte	**trezor** (m)	[trεzor]
herencia (f)	**dědictví** (s)	[dedɪtstvi:]
fortuna (f)	**majetek** (m)	[majεtεk]
impuesto (m)	**daň** (ž)	[danʲ]
multa (f)	**pokuta** (ž)	[pokuta]
multar (vt)	**pokutovat**	[pokutovat]
al por mayor (adj)	**velkoobchodní**	[vεlkoobxodni:]
al por menor (adj)	**maloobchodní**	[maloobxodni:]
asegurar (vt)	**pojišťovat**	[pojɪʃtʲovat]
seguro (m)	**pojistka** (ž)	[pojɪstka]
capital (m)	**kapitál** (m)	[kapɪta:l]
volumen (m) de negocio	**obrat** (m)	[obrat]
acción (f)	**akcie** (ž)	[aktsɪe]
beneficio (m)	**zisk** (m)	[zɪsk]
beneficioso (adj)	**ziskový**	[zɪskovi:]
crisis (f)	**krize** (ž)	[krɪzε]
bancarrota (f)	**bankrot** (m)	[baŋkrot]

ir a la bancarrota	zbankrotovat	[zbaŋkrotovat]
contable (m)	účetní (m, ž)	[u:ʧɛtni:]
salario (m)	mzda (ž)	[mzda]
premio (m)	prémie (ž)	[prɛ:mɪe]

10. El transporte

autobús (m)	autobus (m)	[autobus]
tranvía (m)	tramvaj (ž)	[tramvaj]
trolebús (m)	trolejbus (m)	[trolɛjbus]

ir en ...	jet	[jɛt]
tomar (~ el autobús)	nastoupit do ...	[nastoupɪt do]
bajar (~ del tren)	vystoupit z ...	[vɪstoupɪt z]

parada (f)	zastávka (ž)	[zasta:fka]
parada (f) final	konečná stanice (ž)	[konɛʧna: stanɪʦɛ]
horario (m)	jízdní řád (m)	[ji:zdni: rʒa:t]
billete (m)	jízdenka (ž)	[ji:zdɛŋka]
llegar tarde (vi)	mít zpoždění	[mi:t spoʒdɛni:]

taxi (m)	taxík (m)	[taksi:k]
en taxi	taxíkem	[taksi:kɛm]
parada (f) de taxi	stanoviště (s) taxíků	[stanovɪʃte taksi:ku:]

tráfico (m)	uliční provoz (m)	[ulɪʧni: provoz]
horas (f pl) de punta	špička (ž)	[ʃpɪʧka]
aparcar (vi)	parkovat se	[parkovat sɛ]

metro (m)	metro (s)	[mɛtro]
estación (f)	stanice (ž)	[stanɪʦɛ]
tren (m)	vlak (m)	[vlak]
estación (f)	nádraží (s)	[na:draʒi:]
rieles (m pl)	koleje (ž mn)	[kolɛjɛ]
compartimiento (m)	oddělení (s)	[oddelɛni:]
litera (f)	lůžko (s)	[lu:ʃko]

avión (m)	letadlo (s)	[lɛtadlo]
billete (m) de avión	letenka (ž)	[lɛtɛŋka]
compañía (f) aérea	letecká společnost (ž)	[lɛtɛʦka: spolɛʧnost]
aeropuerto (m)	letiště (s)	[lɛtɪʃte]

vuelo (m)	let (m)	[lɛt]
equipaje (m)	zavazadla (s mn)	[zavazadla]
carrito (m) de equipaje	vozík (m) na zavazadla	[vozi:k na zavazadla]

barco, buque (m)	loď (ž)	[lotʲ]
trasatlántico (m)	linková loď (ž)	[lɪŋkova: lotʲ]
yate (m)	jachta (ž)	[jaxta]
bote (m) de remo	loďka (ž)	[lotʲka]

capitán (m)	kapitán (m)	[kapɪta:n]
camarote (m)	kajuta (ž)	[kajuta]
puerto (m)	přístav (m)	[prʃi:staf]

bicicleta (f)	kolo (s)	[kolo]
scooter (m)	skútr (m)	[sku:tr]
motocicleta (f)	motocykl (m)	[mototsɪkl]
pedal (m)	pedál (m)	[pɛda:l]
bomba (f)	pumpa (ž)	[pumpa]
rueda (f)	kolo (s)	[kolo]

coche (m)	auto (s)	[auto]
ambulancia (f)	sanitka (ž)	[sanɪtka]
camión (m)	náklaďák (m)	[na:kladʲa:k]
de ocasión (adj)	ojetý	[oeti:]
accidente (m)	havárie (ž)	[hava:rɪe]
reparación (f)	oprava (ž)	[oprava]

11. La comida. Unidad 1

carne (f)	maso (s)	[maso]
gallina (f)	slepice (ž)	[slɛpɪtsɛ]
pato (m)	kachna (ž)	[kaxna]

carne (f) de cerdo	vepřové (s)	[vɛprʃovɛ:]
carne (f) de ternera	telecí (s)	[tɛlɛtsi:]
carne (f) de carnero	skopové (s)	[skopovɛ:]
carne (f) de vaca	hovězí (s)	[hovezi:]

salchichón (m)	salám (m)	[sala:m]
huevo (m)	vejce (s)	[vɛjtsɛ]
pescado (m)	ryby (ž mn)	[rɪbɪ]
queso (m)	sýr (m)	[si:r]
azúcar (m)	cukr (m)	[tsukr]
sal (f)	sůl (ž)	[su:l]

arroz (m)	rýže (ž)	[ri:ʒe]
macarrones (m pl)	makaróny (m mn)	[makaro:nɪ]
mantequilla (f)	máslo (s)	[ma:slo]
aceite (m) vegetal	olej (m)	[olɛj]
pan (m)	chléb (m)	[xlɛ:p]
chocolate (m)	čokoláda (ž)	[tʃokola:da]

vino (m)	víno (s)	[vi:no]
café (m)	káva (ž)	[ka:va]
leche (f)	mléko (s)	[mlɛ:ko]
zumo (m), jugo (m)	šťáva (ž), džus (m)	[ʃtʲa:va], [dʒus]
cerveza (f)	pivo (s)	[pɪvo]
té (m)	čaj (m)	[tʃaj]
tomate (m)	rajské jablíčko (s)	[rajskɛ: jabli:tʃko]

pepino (m)	okurka (ž)	[okurka]
zanahoria (f)	mrkev (ž)	[mrkɛf]
patata (f)	brambory (ž mn)	[bramborı]
cebolla (f)	cibule (ž)	[tsɪbulɛ]
ajo (m)	česnek (m)	[tʃɛsnɛk]
col (f)	zelí (s)	[zɛli:]
remolacha (f)	červená řepa (ž)	[tʃɛrvena: rʒɛpa]
berenjena (f)	lilek (m)	[lɪlɛk]
eneldo (m)	kopr (m)	[kopr]
lechuga (f)	salát (m)	[sala:t]
maíz (m)	kukuřice (ž)	[kukurʒɪtsɛ]
fruto (m)	ovoce (s)	[ovotsɛ]
manzana (f)	jablko (s)	[jablko]
pera (f)	hruška (ž)	[hruʃka]
limón (m)	citrón (m)	[tsɪtro:n]
naranja (f)	pomeranč (m)	[pomɛrantʃ]
fresa (f)	zahradní jahody (ž mn)	[zahradni: jahodı]
ciruela (f)	švestka (ž)	[ʃvɛstka]
frambuesa (f)	maliny (ž mn)	[malɪnı]
piña (f)	ananas (m)	[ananas]
banana (f)	banán (m)	[bana:n]
sandía (f)	vodní meloun (m)	[vodni: mɛloun]
uva (f)	hroznové víno (s)	[hroznovɛ: vi:no]
melón (m)	cukrový meloun (m)	[tsukrovi: mɛloun]

12. La comida. Unidad 2

cocina (f)	kuchyně (ž)	[kuxɪne]
receta (f)	recept (m)	[rɛtsɛpt]
comida (f)	jídlo (s)	[ji:dlo]
desayunar (vi)	snídat	[sni:dat]
almorzar (vi)	obědvat	[obedvat]
cenar (vi)	večeřet	[vɛtʃɛrʒɛt]
sabor (m)	chuť (ž)	[xutʲ]
sabroso (adj)	chutný	[xutni:]
frío (adj)	studený	[studɛni:]
caliente (adj)	teplý	[tɛpli:]
azucarado, dulce (adj)	sladký	[slatki:]
salado (adj)	slaný	[slani:]
bocadillo (m)	obložený chlebíček (m)	[obloʒeni: xlɛbi:tʃɛk]
guarnición (f)	příloha (ž)	[prʃi:loha]
relleno (m)	nádivka (ž)	[na:dɪfka]
salsa (f)	omáčka (ž)	[oma:tʃka]
pedazo (m)	kousek (m)	[kousɛk]

dieta (f)	dieta (ż)	[dɪeta]
vitamina (f)	vitamín (m)	[vɪtami:n]
caloría (f)	kalorie (ż)	[kalorɪe]
vegetariano (m)	vegetarián (m)	[vɛɡɛtarɪa:n]

restaurante (m)	restaurace (ż)	[rɛstauraˈtsɛ]
cafetería (f)	kavárna (ż)	[kava:rna]
apetito (m)	chuť (ż) k jídlu	[xutʲ k ji:dlu]
¡Que aproveche!	Dobrou chuť!	[dobrou xutʲ]

camarero (m)	číšník (m)	[tʃi:ʃni:k]
camarera (f)	číšnice (ż)	[tʃi:ʃnɪtsɛ]
barman (m)	barman (m)	[barman]
carta (f), menú (m)	jídelní lístek (m)	[ji:dɛlni: li:stɛk]

cuchara (f)	lžíce (ż)	[ɭʒi:tsɛ]
cuchillo (m)	nůž (m)	[nu:ʃ]
tenedor (m)	vidlička (ż)	[vɪdlɪtʃka]
taza (f)	šálek (m)	[ʃa:lɛk]

plato (m)	talíř (m)	[tali:rʃ]
platillo (m)	talířek (m)	[tali:rʒɛk]
servilleta (f)	ubrousek (m)	[ubrousɛk]
mondadientes (m)	párátko (s)	[pa:ra:tko]

pedir (vt)	objednat si	[objɛdnat sɪ]
plato (m)	jídlo (s)	[ji:dlo]
porción (f)	porce (ż)	[portsɛ]
entremés (m)	předkrm (m)	[prʃɛtkrm]
ensalada (f)	salát (m)	[sala:t]
sopa (f)	polévka (ż)	[polɛ:fka]

postre (m)	desert (m)	[dɛsɛrt]
confitura (f)	zavařenina (ż)	[zavarʒɛnɪna]
helado (m)	zmrzlina (ż)	[zmrzlɪna]
cuenta (f)	účet (m)	[u:tʃɛt]
pagar la cuenta	zaplatit účet	[zaplatɪt u:tʃɛt]
propina (f)	spropitné (s)	[spropɪtnɛ:]

13. La casa. El apartamento. Unidad 1

casa (f)	dům (m)	[du:m]
casa (f) de campo	venkovský dům (m)	[vɛŋkovski: du:m]
villa (f)	vila (ż)	[vɪla]

piso (m), planta (f)	poschodí (s)	[posxodi:]
entrada (f)	vchod (m)	[vxot]
pared (f)	stěna (ż)	[stena]
techo (m)	střecha (ż)	[strʃɛxa]
chimenea (f)	komín (m)	[komi:n]

desván (m)	půda (ž)	[pu:da]
ventana (f)	okno (s)	[okno]
alféizar (m)	parapet (m)	[parapɛt]
balcón (m)	balkón (m)	[balko:n]
escalera (f)	schodiště (s)	[sxodɪʃte]
buzón (m)	poštovní schránka (ž)	[poʃtovni: sxra:ŋka]
contenedor (m) de basura	popelnice (ž)	[popɛlnɪtsɛ]
ascensor (m)	výtah (m)	[vi:tax]
electricidad (f)	elektřina (ž)	[ɛlɛktrʃɪna]
bombilla (f)	žárovka (ž)	[ʒa:rofka]
interruptor (m)	vypínač (m)	[vɪpi:natʃ]
enchufe (m)	zásuvka (ž)	[za:sufka]
fusible (m)	pojistka (ž)	[pojɪstka]
puerta (f)	dveře (ž mn)	[dvɛrʒɛ]
tirador (m)	klika (ž)	[klɪka]
llave (f)	klíč (m)	[kli:tʃ]
felpudo (m)	kobereček (m)	[kobɛrɛtʃɛk]
cerradura (f)	zámek (m)	[za:mɛk]
timbre (m)	zvonek (m)	[zvonɛk]
toque (m) a la puerta	klepání (s)	[klɛpa:ni:]
tocar la puerta	klepat	[klɛpat]
mirilla (f)	kukátko (s)	[kuka:tko]
patio (m)	dvůr (m)	[dvu:r]
jardín (m)	zahrada (ž)	[zahrada]
piscina (f)	bazén (m)	[bazɛ:n]
gimnasio (m)	tělocvična (ž)	[telotsvɪtʃna]
cancha (f) de tenis	tenisový kurt (m)	[tɛnɪsovi: kurt]
garaje (m)	garáž (ž)	[gara:ʃ]
propiedad (f) privada	soukromé vlastnictví (s)	[soukromɛ: vlastnɪtstvi:]
letrero (m) de aviso	výstražný nápis (m)	[vi:straʒni: na:pɪs]
seguridad (f)	stráž (ž)	[stra:ʃ]
guardia (m) de seguridad	strážce (m)	[stra:ʒtsɛ]
renovación (f)	oprava (ž)	[oprava]
renovar (vt)	dělat opravu	[delat opravu]
poner en orden	dávat do pořádku	[da:vat do porʒa:tku]
pintar (las paredes)	natírat	[nati:rat]
empapelado (m)	tapety (ž mn)	[tapɛtɪ]
cubrir con barniz	lakovat	[lakovat]
tubo (m)	trubka (ž)	[trupka]
instrumentos (m pl)	nástroje (m mn)	[na:strojɛ]
sótano (m)	sklep (m)	[sklɛp]
alcantarillado (m)	kanalizace (ž)	[kanalɪzatsɛ]

14. La casa. El apartamento. Unidad 2

apartamento (m)	**byt** (m)	[bɪt]
habitación (f)	**pokoj** (m)	[pokoj]
dormitorio (m)	**ložnice** (ž)	[loʒnɪtsɛ]
comedor (m)	**jídelna** (ž)	[jiːdɛlna]
salón (m)	**přijímací pokoj** (m)	[prʃɪjiːmatsiː pokoj]
despacho (m)	**pracovna** (ž)	[pratsovna]
antecámara (f)	**předsíň** (ž)	[prʃɛtsiːnʲ]
cuarto (m) de baño	**koupelna** (ž)	[koupɛlna]
servicio (m)	**záchod** (m)	[zaːxot]
suelo (m)	**podlaha** (ž)	[podlaha]
techo (m)	**strop** (m)	[strop]
limpiar el polvo	**utírat prach**	[utiːrat prax]
aspirador (m), aspiradora (f)	**vysavač** (m)	[vɪsavatʃ]
limpiar con la aspiradora	**vysávat**	[vɪsaːvat]
fregona (f)	**mop** (m)	[mop]
trapo (m)	**hadr** (m)	[hadr]
escoba (f)	**koště** (s)	[koʃtɛ]
cogedor (m)	**lopatka** (ž) **na smetí**	[lopatka na smɛtiː]
muebles (m pl)	**nábytek** (m)	[naːbɪtɛk]
mesa (f)	**stůl** (m)	[stuːl]
silla (f)	**židle** (ž)	[ʒɪdlɛ]
sillón (m)	**křeslo** (s)	[krʃɛslo]
librería (f)	**knihovna** (ž)	[knɪhovna]
estante (m)	**police** (ž)	[polɪtsɛ]
armario (m)	**skříň** (ž)	[skrʃiːnʲ]
espejo (m)	**zrcadlo** (s)	[zrtsadlo]
tapiz (m)	**koberec** (m)	[kobɛrɛts]
chimenea (f)	**krb** (m)	[krp]
cortinas (f pl)	**záclony** (ž mn)	[zaːtslonɪ]
lámpara (f) de mesa	**stolní lampa** (ž)	[stolni lampa]
lámpara (f) de araña	**lustr** (m)	[lustr]
cocina (f)	**kuchyně** (ž)	[kuxɪne]
cocina (f) de gas	**plynový sporák** (m)	[plɪnoviː sporaːk]
cocina (f) eléctrica	**elektrický sporák** (m)	[ɛlɛktrɪtskiː sporaːk]
horno (m) microondas	**mikrovlnná pec** (ž)	[mɪkrovlnaː pɛts]
frigorífico (m)	**lednička** (ž)	[lɛdnɪtʃka]
congelador (m)	**mrazicí komora** (ž)	[mrazɪtsiː komora]
lavavajillas (m)	**myčka** (ž) **nádobí**	[mɪtʃka naːdobiː]
grifo (m)	**kohout** (m)	[kohout]
picadora (f) de carne	**mlýnek** (m) **na maso**	[mliːnɛk na maso]
exprimidor (m)	**odšťavňovač** (m)	[otʃtʲavnʲovatʃ]

tostador (m)	opékač (m) topinek	[opɛ:katʃ topɪnɛk]
batidora (f)	mixér (m)	[mɪksɛ:r]
cafetera (f) (aparato de cocina)	kávovar (m)	[ka:vovar]
hervidor (m) de agua	čajník (m)	[ʧajni:k]
tetera (f)	čajová konvice (ž)	[ʧajova: konvɪʦɛ]
televisor (m)	televizor (m)	[tɛlɛvɪzor]
vídeo (m)	videomagnetofon (m)	[vɪdɛomagnɛtofon]
plancha (f)	žehlička (ž)	[ʒehlɪʧka]
teléfono (m)	telefon (m)	[tɛlɛfon]

15. Los trabajos. El estatus social

director (m)	ředitel (m)	[rʒɛdɪtɛl]
superior (m)	vedoucí (m)	[vɛdouʦi:]
presidente (m)	prezident (m)	[prɛzɪdɛnt]
asistente (m)	pomocník (m)	[pomoʦni:k]
secretario, -a (m, f)	sekretář (m)	[sɛkrɛta:rʃ]
propietario (m)	majitel (m)	[majɪtɛl]
socio (m)	partner (m)	[partnɛr]
accionista (m)	akcionář (m)	[akʦɪona:rʃ]
hombre (m) de negocios	byznysmen (m)	[bɪznɪsmen]
millonario (m)	milionář (m)	[mɪlɪona:rʃ]
multimillonario (m)	miliardář (m)	[mɪlɪarda:rʃ]
actor (m)	herec (m)	[hɛrɛʦ]
arquitecto (m)	architekt (m)	[arxɪtɛkt]
banquero (m)	bankéř (m)	[baŋkɛ:rʃ]
broker (m)	broker (m)	[brokɛr]
veterinario (m)	zvěrolékař (m)	[zverolɛ:karʃ]
médico (m)	lékař (m)	[lɛ:karʃ]
camarera (f)	pokojská (ž)	[pokojska:]
diseñador (m)	návrhář (m)	[na:vrha:rʃ]
corresponsal (m)	zpravodaj (m)	[spravodaj]
repartidor (m)	kurýr (m)	[kuri:r]
electricista (m)	elektromontér (m)	[ɛlɛktromontɛ:r]
músico (m)	hudebník (m)	[hudɛbni:k]
niñera (f)	chůva (ž)	[xu:va]
peluquero (m)	holič (m), kadeřník (m)	[holɪʧ], [kadɛrʒni:k]
pastor (m)	pasák (m)	[pasa:k]
cantante (m)	zpěvák (m)	[speva:k]
traductor (m)	překladatel (m)	[prʃɛkladatɛl]
escritor (m)	spisovatel (m)	[spɪsovatɛl]
carpintero (m)	tesař (m)	[tɛsarʃ]

cocinero (m)	kuchař (m)	[kuxarʃ]
bombero (m)	hasič (m)	[hasɪtʃ]
policía (m)	policista (m)	[polɪtsɪsta]
cartero (m)	listonoš (m)	[lɪstonoʃ]
programador (m)	programátor (m)	[programaːtor]
vendedor (m)	prodavač (m)	[prodavatʃ]

obrero (m)	dělník (m)	[delniːk]
jardinero (m)	zahradník (m)	[zahradniːk]
fontanero (m)	instalatér (m)	[ɪnstalatɛːr]
dentista (m)	stomatolog (m)	[stomatolog]
azafata (f)	letuška (ż)	[lɛtuʃka]

bailarín (m)	tanečník (m)	[tanɛtʃniːk]
guardaespaldas (m)	osobní strážce (m)	[osobniː straːʒtsɛ]
científico (m)	vědec (m)	[vedɛts]
profesor (m) (~ de baile, etc.)	učitel (m)	[utʃɪtɛl]

granjero (m)	farmář (m)	[farmaːrʃ]
cirujano (m)	chirurg (m)	[xɪrurg]
minero (m)	horník (m)	[horniːk]
jefe (m) de cocina	šéfkuchař (m)	[ʃɛːf kuxarʃ]
chofer (m)	řidič (m)	[rʒɪdɪtʃ]

16. Los deportes

tipo (m) de deporte	sportovní disciplína (ż)	[sportovniː dɪstsɪpliːna]
fútbol (m)	fotbal (m)	[fotbal]
hockey (m)	hokej (m)	[hokɛj]
baloncesto (m)	basketbal (m)	[baskɛtbal]
béisbol (m)	baseball (m)	[bɛjzbol]

voleibol (m)	volejbal (m)	[volɛjbal]
boxeo (m)	box (m)	[boks]
lucha (f)	zápas (m)	[zaːpas]
tenis (m)	tenis (m)	[tɛnɪs]
natación (f)	plavání (s)	[plavaːniː]

ajedrez (m)	šachy (m mn)	[ʃaxɪ]
carrera (f)	běh (m)	[bex]
atletismo (m)	lehká atletika (ż)	[lɛhkaː atlɛtɪka]
patinaje (m) artístico	krasobruslení (s)	[krasobruslɛniː]
ciclismo (m)	cyklistika (ż)	[tsɪklɪstɪka]

billar (m)	kulečník (m)	[kulɛtʃniːk]
culturismo (m)	kulturistika (ż)	[kulturɪstɪka]
golf (m)	golf (m)	[golf]
buceo (m)	potápění (s)	[potaːpeniː]
vela (f)	plachtění (s)	[plaxteniː]

tiro (m) con arco	lukostřelba (ž)	[lukostrʃɛlba]
tiempo (m)	poločas (m)	[polotʃas]
descanso (m)	poločas (m)	[polotʃas]
empate (m)	remíza (ž)	[rɛmi:za]
empatar (vi)	remizovat	[rɛmɪzovat]

cinta (f) de correr	běžecký pás (m)	[beʒetski: pa:s]
jugador (m)	hráč (m)	[hra:tʃ]
reserva (m)	náhradník (m)	[na:hradni:k]
banquillo (m) de reserva	lavice (ž) náhradníků	[lavɪtsɛ na:hradni:ku:]

match (m)	zápas (ž)	[za:pas]
puerta (f)	brána (ž)	[bra:na]
portero (m)	brankář (m)	[braŋka:rʃ]
gol (m)	gól (m)	[go:l]

Juegos (m pl) Olímpicos	Olympijské hry (ž mn)	[olɪmpɪjskɛ: hrɪ]
establecer un record	vytvořit rekord	[vɪtvorʒɪt rɛkort]
final (m)	finále (s)	[fɪna:lɛ]
campeón (m)	mistr (m)	[mɪstr]
campeonato (m)	mistrovství (s)	[mɪstrovstvi:]

vencedor (m)	vítěz (m)	[vi:tez]
victoria (f)	vítězství (s)	[vi:tezstvi:]
ganar (vi)	vyhrát	[vɪhra:t]
perder (vi)	prohrát	[prohra:t]
medalla (f)	medaile (ž)	[mɛdajlɛ]

primer puesto (m)	první místo (s)	[prvni: mi:sto]
segundo puesto (m)	druhé místo (s)	[druhɛ: mi:sto]
tercer puesto (m)	třetí místo (s)	[trʃɛti: mi:sto]

estadio (m)	stadión (m)	[stadɪo:n]
hincha (m)	fanoušek (m)	[fanouʃɛk]
entrenador (m)	trenér (m)	[trɛnɛ:r]
entrenamiento (m)	trénink (m)	[trɛ:nɪŋk]

17. Los idiomas extranjeros. La ortografía

lengua (f)	jazyk (m)	[jazɪk]
estudiar (vt)	studovat	[studovat]
pronunciación (f)	výslovnost (ž)	[vi:slovnost]
acento (m)	cizí přízvuk (m)	[tsɪzi: prʃi:zvuk]

sustantivo (m)	podstatné jméno (s)	[potsta:tnɛ: jmɛ:no]
adjetivo (m)	přídavné jméno (s)	[prʃi:davnɛ: jmɛ:no]
verbo (m)	sloveso (s)	[slovɛso]
adverbio (m)	příslovce (s)	[prʃi:slovtsɛ]
pronombre (m)	zájmeno (s)	[za:jmɛno]
interjección (f)	citoslovce (s)	[tsɪtoslovtsɛ]

preposición (f)	předložka (ž)	[prʃɛdloʃka]
raíz (f), radical (m)	slovní základ (m)	[slovni: za:klat]
desinencia (f)	koncovka (ž)	[kontsofka]
prefijo (m)	předpona (ž)	[prʃɛtpona]
sílaba (f)	slabika (ž)	[slabɪka]
sufijo (m)	přípona (ž)	[prʃi:pona]

acento (m)	přízvuk (m)	[prʃi:zvuk]
punto (m)	tečka (ž)	[tɛtʃka]
coma (m)	čárka (ž)	[tʃa:rka]
dos puntos (m pl)	dvojtečka (ž)	[dvojtɛtʃka]
puntos (m pl) suspensivos	tři tečky (ž mn)	[trʃɪ tɛtʃkɪ]

pregunta (f)	otázka (ž)	[ota:ska]
signo (m) de interrogación	otazník (m)	[otazni:k]
signo (m) de admiración	vykřičník (m)	[vɪkrʃɪtʃni:k]

entre comillas	v uvozovkách	[f uvozofka:x]
entre paréntesis	v závorkách	[v za:vorkax]
letra (f)	písmeno (s)	[pi:smɛno]
letra (f) mayúscula	velké písmeno (s)	[vɛlkɛ: pi:smɛno]

oración (f)	věta (ž)	[veta]
combinación (f) de palabras	slovní spojení (s)	[slovni: spojɛni:]
expresión (f)	výraz (m)	[vi:raz]

sujeto (m)	podmět (m)	[podmnet]
predicado (m)	přísudek (m)	[prʃi:sudɛk]
línea (f)	řádek (m)	[rʒa:dɛk]
párrafo (m)	odstavec (m)	[otstavɛts]

| sinónimo (m) | synonymum (s) | [sɪnonɪmum] |
| antónimo (m) | antonymum (s) | [antonɪmum] |

| excepción (f) | výjimka (ž) | [vi:jɪmka] |
| subrayar (vt) | podtrhnout | [podtrhnout] |

reglas (f pl)	pravidla (s mn)	[pravɪdla]
gramática (f)	mluvnice (ž)	[mluvnɪtsɛ]
vocabulario (m)	slovní zásoba (ž)	[slovni: za:soba]

| fonética (f) | hláskosloví (s) | [hla:skoslovi:] |
| alfabeto (m) | abeceda (ž) | [abɛtsɛda] |

manual (m)	učebnice (ž)	[utʃɛbnɪtsɛ]
diccionario (m)	slovník (m)	[slovni:k]
guía (f) de conversación	konverzace (ž)	[konvɛrzatsɛ]

palabra (f)	slovo (s)	[slovo]
significado (m)	smysl (m)	[smɪsl]
memoria (f)	paměť (ž)	[pamnetʲ]

18. La Tierra. La geografía

Tierra (f)	Země (ž)	[zɛmnɛ]
globo (m) terrestre	zeměkoule (ž)	[zɛmnekoulɛ]
planeta (m)	planeta (ž)	[planɛta]
geografía (f)	zeměpis (m)	[zɛmnepɪs]
naturaleza (f)	příroda (ž)	[prʃiːroda]
mapa (m)	mapa (ž)	[mapa]
atlas (m)	atlas (m)	[atlas]
en el norte	na severu	[na sɛvɛru]
en el sur	na jihu	[na jɪhu]
en el oeste	na západě	[na zaːpade]
en el este	na východě	[na viːxode]
mar (m)	moře (s)	[morʒɛ]
océano (m)	oceán (m)	[otsɛaːn]
golfo (m)	záliv (m)	[zaːlɪf]
estrecho (m)	průliv (m)	[pruːlɪf]
continente (m)	pevnina (ž)	[pɛvnɪna]
isla (f)	ostrov (m)	[ostrof]
península (f)	poloostrov (m)	[poloostrof]
archipiélago (m)	souostroví (s)	[souostroviː]
ensenada, bahía (f)	přístav (m)	[prʃiːstaf]
arrecife (m) de coral	korálový útes (m)	[koraːloviː uːtɛs]
orilla (f)	břeh (m)	[brʒɛx]
costa (f)	pobřeží (s)	[pobrʒɛʒiː]
flujo (m)	příliv (m)	[prʃiːlɪf]
reflujo (m)	odliv (m)	[odlɪf]
latitud (f)	šířka (ž)	[ʃiːrʃka]
longitud (f)	délka (ž)	[dɛːlka]
paralelo (m)	rovnoběžka (ž)	[rovnobeʃka]
ecuador (m)	rovník (m)	[rovniːk]
cielo (m)	obloha (ž)	[obloha]
horizonte (m)	horizont (m)	[horɪzont]
atmósfera (f)	atmosféra (ž)	[atmosfɛːra]
montaña (f)	hora (ž)	[hora]
cima (f)	vrchol (m)	[vrxol]
roca (f)	skála (ž)	[skaːla]
colina (f)	kopec (m)	[kopɛts]
volcán (m)	sopka (ž)	[sopka]
glaciar (m)	ledovec (m)	[lɛdovɛts]
cascada (f)	vodopád (m)	[vodopaːt]

llanura (f)	rovina (ż)	[rovɪna]
río (m)	řeka (ž)	[rʒɛka]
manantial (m)	pramen (m)	[pramɛn]
ribera (f)	břeh (m)	[brʒɛx]
río abajo (adv)	po proudu	[po proudu]
río arriba (adv)	proti proudu	[protɪ proudu]
lago (m)	jezero (s)	[jɛzɛro]
presa (f)	přehrada (ž)	[prʃɛhrada]
canal (m)	průplav (m)	[pru:plaf]
pantano (m)	bažina (ž)	[baʒɪna]
hielo (m)	led (m)	[lɛt]

19. Los países. Unidad 1

Europa (f)	Evropa (ž)	[ɛvropa]
Unión (f) Europea	Evropská unie (ž)	[ɛuropska: unɪe]
europeo (m)	Evropan (m)	[ɛvropan]
europeo (adj)	evropský	[ɛvropski:]
Austria (f)	Rakousko (s)	[rakousko]
Gran Bretaña (f)	Velká Británie (ž)	[vɛlka: brɪta:nɪe]
Inglaterra (f)	Anglie (ž)	[anglɪe]
Bélgica (f)	Belgie (ž)	[bɛlgɪe]
Alemania (f)	Německo (s)	[nemɛtsko]
Países Bajos (m pl)	Nizozemí (s)	[nɪzozɛmi:]
Holanda (f)	Holandsko (s)	[holandsko]
Grecia (f)	Řecko (s)	[rʒɛtsko]
Dinamarca (f)	Dánsko (s)	[da:nsko]
Irlanda (f)	Irsko (s)	[ɪrsko]
Islandia (f)	Island (m)	[ɪslant]
España (f)	Španělsko (s)	[ʃpanelsko]
Italia (f)	Itálie (ž)	[ɪta:lɪe]
Chipre (m)	Kypr (m)	[kɪpr]
Malta (f)	Malta (ž)	[malta]
Noruega (f)	Norsko (s)	[norsko]
Portugal (m)	Portugalsko (s)	[portugalsko]
Finlandia (f)	Finsko (s)	[fɪnsko]
Francia (f)	Francie (ž)	[frantsɪe]
Suecia (f)	Švédsko (s)	[ʃvɛ:tsko]
Suiza (f)	Švýcarsko (s)	[ʃvi:tsarsko]
Escocia (f)	Skotsko (s)	[skotsko]
Vaticano (m)	Vatikán (m)	[vatɪka:n]
Liechtenstein (m)	Lichtenštejnsko (s)	[lɪxtɛnʃtɛjnsko]
Luxemburgo (m)	Lucembursko (s)	[lutsɛmbursko]
Mónaco (m)	Monako (s)	[monako]

Albania (f)	Albánie (ž)	[albaːnɪe]
Bulgaria (f)	Bulharsko (s)	[bulharsko]
Hungría (f)	Maďarsko (s)	[madʲarsko]
Letonia (f)	Lotyšsko (s)	[lotɪʃsko]

Lituania (f)	Litva (ž)	[lɪtva]
Polonia (f)	Polsko (s)	[polsko]
Rumania (f)	Rumunsko (s)	[rumunsko]
Serbia (f)	Srbsko (s)	[srpsko]
Eslovaquia (f)	Slovensko (s)	[slovɛnsko]

Croacia (f)	Chorvatsko (s)	[xorvatsko]
Chequia (f)	Česko (s)	[tʃɛsko]
Estonia (f)	Estonsko (s)	[ɛstonsko]
Bosnia y Herzegovina	Bosna a Hercegovina (ž)	[bosna a hɛrtsɛgovɪna]
Macedonia	Makedonie (ž)	[makɛdonɪe]

Eslovenia	Slovinsko (s)	[slovɪnsko]
Montenegro (m)	Černá Hora (ž)	[tʃɛrnaː hora]
Bielorrusia (f)	Bělorusko (s)	[belorusko]
Moldavia (f)	Moldavsko (s)	[moldavsko]
Rusia (f)	Rusko (s)	[rusko]
Ucrania (f)	Ukrajina (ž)	[ukrajɪna]

20. Los países. Unidad 2

Asia (f)	Asie (ž)	[azɪe]
Vietnam (m)	Vietnam (m)	[vjɛtnam]
India (f)	Indie (ž)	[ɪndɪe]
Israel (m)	Izrael (m)	[ɪzraɛl]
China (f)	Čína (ž)	[tʃiːna]

Líbano (m)	Libanon (m)	[lɪbanon]
Mongolia (f)	Mongolsko (s)	[mongolsko]
Malasia (f)	Malajsie (ž)	[malajzɪe]
Pakistán (m)	Pákistán (m)	[paːkɪstaːn]
Arabia (f) Saudita	Saúdská Arábie (ž)	[sauːdska: araːbɪe]

Tailandia (f)	Thajsko (s)	[tajsko]
Taiwán (m)	Tchaj-wan (m)	[tajvan]
Turquía (f)	Turecko (s)	[turɛtsko]
Japón (m)	Japonsko (s)	[japonsko]
Afganistán (m)	Afghánistán (m)	[afgaːnɪstaːn]

Bangladesh (m)	Bangladéš (m)	[bangladɛːʃ]
Indonesia (f)	Indonésie (ž)	[ɪndonɛːzɪe]
Jordania (f)	Jordánsko (s)	[jordaːnsko]
Irak (m)	Irák (m)	[ɪraːk]
Irán (m)	Írán (m)	[iːraːn]
Camboya (f)	Kambodža (ž)	[kambodʒa]

Kuwait (m)	Kuvajt (m)	[kuvajt]
Laos (m)	Laos (m)	[laos]
Myanmar (m)	Barma (ż)	[barma]
Nepal (m)	Nepál (m)	[nɛpa:l]

Emiratos (m pl) Árabes Unidos	Spojené arabské emiráty (m mn)	[spojɛnɛ: arapskɛ: ɛmɪra:tɪ]
Siria (f)	Sýrie (ż)	[si:rɪe]
Palestina (f)	Palestinská autonomie (ż)	[palɛstɪnska: autonomɪe]
Corea (f) del Sur	Jižní Korea (ż)	[jɪʒni: korɛa]
Corea (f) del Norte	Severní Korea (ż)	[severni: korɛa]

Estados Unidos de América	Spojené státy (m mn) americké	[spojɛnɛ: sta:tɪ amɛrɪtskɛ:]
Canadá (f)	Kanada (ż)	[kanada]
Méjico (m)	Mexiko (s)	[mɛksɪko]
Argentina (f)	Argentina (ż)	[argɛntɪna]
Brasil (m)	Brazílie (ż)	[brazi:lɪe]

Colombia (f)	Kolumbie (ż)	[kolumbɪe]
Cuba (f)	Kuba (ż)	[kuba]
Chile (m)	Chile (s)	[tʃɪlɛ]
Venezuela (f)	Venezuela (ż)	[vɛnɛzuɛla]
Ecuador (m)	Ekvádor (m)	[ɛkva:dor]

Islas (f pl) Bahamas	Bahamy (ż mn)	[bahamɪ]
Panamá (f)	Panama (ż)	[panama]
Egipto (m)	Egypt (m)	[ɛgɪpt]
Marruecos (m)	Maroko (s)	[maroko]
Túnez (m)	Tunisko (s)	[tunɪsko]

Kenia (f)	Keňa (ż)	[kɛnʲa]
Libia (f)	Libye (ż)	[lɪbɪe]
República (f) Sudafricana	Jihoafrická republika (ż)	[jɪhoafrɪtska: rɛpublɪka]
Australia (f)	Austrálie (ż)	[austra:lɪe]
Nueva Zelanda (f)	Nový Zéland (m)	[novi: zɛ:lant]

21. El tiempo. Los desastres naturales

tiempo (m)	počasí (s)	[potʃasi:]
previsión (f) del tiempo	předpověď (ż) počasí	[prʃɛtpovetʲ potʃasi:]
temperatura (f)	teplota (ż)	[tɛplota]
termómetro (m)	teploměr (m)	[tɛplomner]
barómetro (m)	barometr (m)	[baromɛtr]

sol (m)	slunce (s)	[sluntsɛ]
brillar (vi)	svítit	[svi:tɪt]
soleado (un día ~)	slunečný	[slunɛtʃni:]
elevarse (el sol)	vzejít	[vzɛji:t]
ponerse (vr)	zapadnout	[zapadnout]

lluvia (f)	déšť (m)	[dɛ:ʃtʲ]
está lloviendo	prší	[prʃi:]
aguacero (m)	liják (m)	[lɪja:k]
nubarrón (m)	mračno (s)	[mratʃno]
charco (m)	kaluž (ž)	[kaluʃ]
mojarse (vr)	moknout	[moknout]

tormenta (f)	bouřka (ž)	[bourʃka]
relámpago (m)	blesk (m)	[blɛsk]
relampaguear (vi)	blýskat se	[bli:skat sɛ]
trueno (m)	hřmění (s)	[hrʒmneni:]
está tronando	hřmí	[hrʒmi:]
granizo (m)	kroupy (ž mn)	[kroupɪ]
está granizando	padají kroupy	[padaji: kroupɪ]

bochorno (m)	horko (s)	[horko]
hace mucho calor	horko	[horko]
hace calor (templado)	teplo	[tɛplo]
hace frío	je zima	[jɛ zɪma]

niebla (f)	mlha (ž)	[mlha]
nebuloso (adj)	mlhavý	[mlhavi:]
nube (f)	mrak (m)	[mrak]

| nuboso (adj) | oblačný | [oblatʃni:] |
| humedad (f) | vlhkost (ž) | [vlxkost] |

nieve (f)	sníh (m)	[sni:x]
está nevando	sněží	[sneʒi:]
helada (f)	mráz (m)	[mra:z]

| bajo cero (adv) | pod nulou | [pod nulou] |
| escarcha (f) | jinovatka (ž) | [jɪnovatka] |

mal tiempo (m)	nečas (m)	[nɛtʃas]
catástrofe (f)	katastrofa (ž)	[katastrofa]
inundación (f)	povodeň (ž)	[povodɛnʲ]

| avalancha (f) | lavina (ž) | [lavɪna] |
| terremoto (m) | zemětřesení (s) | [zɛmnetrʃɛsɛni:] |

| sacudida (f) | otřes (m) | [otrʃɛs] |
| epicentro (m) | epicentrum (s) | [ɛpɪtsɛntrum] |

| erupción (f) | výbuch (m) | [vi:bux] |
| lava (f) | láva (ž) | [la:va] |

tornado (m)	tornádo (s)	[torna:do]
torbellino (m)	smršť (ž)	[smrʃtʲ]
huracán (m)	hurikán (m)	[hurɪka:n]
tsunami (m)	tsunami (s)	[tsunamɪ]
ciclón (m)	cyklón (m)	[tsiklo:n]

22. Los animales. Unidad 1

animal (m)	zvíře (s)	[zvi:rʒɛ]
carnívoro (m)	šelma (ž)	[ʃɛlma]
tigre (m)	tygr (m)	[tɪgr]
león (m)	lev (m)	[lɛf]
lobo (m)	vlk (m)	[vlk]
zorro (m)	liška (ž)	[lɪʃka]
jaguar (m)	jaguár (m)	[jagua:r]
lince (m)	rys (m)	[rɪs]
coyote (m)	kojot (m)	[kojot]
chacal (m)	šakal (m)	[ʃakal]
hiena (f)	hyena (ž)	[hɪena]
ardilla (f)	veverka (ž)	[vɛvɛrka]
erizo (m)	ježek (m)	[jɛʒek]
conejo (m)	králík (m)	[kra:li:k]
mapache (m)	mýval (m)	[mi:val]
hámster (m)	křeček (m)	[krʃɛtʃɛk]
topo (m)	krtek (m)	[krtɛk]
ratón (m)	myš (ž)	[mɪʃ]
rata (f)	krysa (ž)	[krɪsa]
murciélago (m)	netopýr (m)	[nɛtopi:r]
castor (m)	bobr (m)	[bobr]
caballo (m)	kůň (m)	[ku:nʲ]
ciervo (m)	jelen (m)	[jɛlɛn]
camello (m)	velbloud (m)	[vɛlblout]
cebra (f)	zebra (ž)	[zɛbra]
ballena (f)	velryba (ž)	[vɛlrɪba]
foca (f)	tuleň (m)	[tulɛnʲ]
morsa (f)	mrož (m)	[mroʃ]
delfín (m)	delfín (m)	[dɛlfi:n]
oso (m)	medvěd (m)	[mɛdvet]
mono (m)	opice (ž)	[opɪtsɛ]
elefante (m)	slon (m)	[slon]
rinoceronte (m)	nosorožec (m)	[nosoroʒets]
jirafa (f)	žirafa (ž)	[ʒɪrafa]
hipopótamo (m)	hroch (m)	[hrox]
canguro (m)	klokan (m)	[klokan]
gata (f)	kočka (ž)	[kotʃka]
perro (m)	pes (m)	[pɛs]
vaca (f)	kráva (ž)	[kra:va]
toro (m)	býk (m)	[bi:k]

| oveja (f) | ovce (ž) | [ovtsɛ] |
| cabra (f) | koza (ž) | [koza] |

asno (m)	osel (m)	[osɛl]
cerdo (m)	prase (s)	[prasɛ]
gallina (f)	slepice (ž)	[slɛpɪtsɛ]
gallo (m)	kohout (m)	[kohout]

pato (m)	kachna (ž)	[kaxna]
ganso (m)	husa (ž)	[husa]
pava (f)	krůta (ž)	[kru:ta]
perro (m) pastor	vlčák (m)	[vltʃa:k]

23. Los animales. Unidad 2

pájaro (m)	pták (m)	[pta:k]
paloma (f)	holub (m)	[holup]
gorrión (m)	vrabec (m)	[vrabɛts]
carbonero (m)	sýkora (ž)	[si:kora]
urraca (f)	straka (ž)	[straka]

águila (f)	orel (m)	[orɛl]
azor (m)	jestřáb (m)	[jɛstrʃa:p]
halcón (m)	sokol (m)	[sokol]

cisne (m)	labuť (ž)	[labutʲ]
grulla (f)	jeřáb (m)	[jɛrʒa:p]
cigüeña (f)	čáp (m)	[tʃa:p]
loro (m), papagayo (m)	papoušek (m)	[papouʃɛk]
pavo (m) real	páv (m)	[pa:f]
avestruz (m)	pštros (m)	[pʃtros]

garza (f)	volavka (ž)	[volafka]
ruiseñor (m)	slavík (m)	[slavi:k]
golondrina (f)	vlaštovka (ž)	[vlaʃtofka]
pájaro carpintero (m)	datel (m)	[datɛl]
cuco (m)	kukačka (ž)	[kukatʃka]
lechuza (f)	sova (ž)	[sova]

pingüino (m)	tučňák (m)	[tutʃnʲa:k]
atún (m)	tuňák (m)	[tunʲa:k]
trucha (f)	pstruh (m)	[pstrux]
anguila (f)	úhoř (m)	[u:horʃ]

tiburón (m)	žralok (m)	[ʒralok]
centolla (f)	krab (m)	[krap]
medusa (f)	medúza (ž)	[mɛdu:za]
pulpo (m)	chobotnice (ž)	[xobotnɪtsɛ]
estrella (f) de mar	hvězdice (ž)	[hvezdɪtsɛ]
erizo (m) de mar	ježovka (ž)	[jɛʒofka]

caballito (m) de mar	mořský koníček (m)	[morʃski: koni:tʃɛk]
camarón (m)	kreveta (ž)	[krɛvɛta]
serpiente (f)	had (m)	[hat]
víbora (f)	zmije (ž)	[zmɪjɛ]
lagarto (m)	ještěrka (ž)	[jɛʃterka]
iguana (f)	leguán (m)	[lɛgua:n]
camaleón (m)	chameleón (m)	[xamɛlɛo:n]
escorpión (m)	štír (m)	[ʃti:r]
tortuga (f)	želva (ž)	[ʒelva]
rana (f)	žába (ž)	[ʒa:ba]
cocodrilo (m)	krokodýl (m)	[krokodi:l]
insecto (m)	hmyz (m)	[hmɪz]
mariposa (f)	motýl (m)	[moti:l]
hormiga (f)	mravenec (m)	[mravɛnɛts]
mosca (f)	moucha (ž)	[mouxa]
mosquito (m) (picadura de ~)	komár (m)	[koma:r]
escarabajo (m)	brouk (m)	[brouk]
abeja (f)	včela (ž)	[vtʃɛla]
araña (f)	pavouk (m)	[pavouk]
mariquita (f)	slunéčko (s) sedmitečné	[slunɛ:tʃko sɛdmɪtɛtʃnɛ:]

24. Los árboles. Las plantas

árbol (m)	strom (m)	[strom]
abedul (m)	bříza (ž)	[brʒi:za]
roble (m)	dub (m)	[dup]
tilo (m)	lípa (ž)	[li:pa]
pobo (m)	osika (ž)	[osɪka]
arce (m)	javor (m)	[javor]
pícea (f)	smrk (m)	[smrk]
pino (m)	borovice (ž)	[borovɪtsɛ]
cedro (m)	cedr (m)	[tsɛdr]
álamo (m)	topol (m)	[topol]
serbal (m)	jeřáb (m)	[jɛrʒa:p]
haya (f)	buk (m)	[buk]
olmo (m)	jilm (m)	[jɪlm]
fresno (m)	jasan (m)	[jasan]
castaño (m)	kaštan (m)	[kaʃtan]
palmera (f)	palma (ž)	[palma]
mata (f)	keř (m)	[kɛrʃ]
seta (f)	houba (ž)	[houba]
seta (f) venenosa	jedovatá houba (ž)	[jɛdovata: houba]

seta calabaza (f)	hřib (m)	[hrɟɪp]
rúsula (f)	holubinka (ž)	[holubɪŋka]
matamoscas (m)	muchomůrka (ž) červená	[muxomu:rka tʃɛrvɛna:]
oronja (f) verde	prašivka (ž)	[praʃɪfka]

flor (f)	květina (ž)	[kvetɪna]
ramo (m) de flores	kytice (ž)	[kɪtɪtsɛ]
rosa (f)	růže (ž)	[ru:ʒe]
tulipán (m)	tulipán (m)	[tulɪpa:n]
clavel (m)	karafiát (m)	[karafɪa:t]

manzanilla (f)	heřmánek (m)	[hɛrʒma:nɛk]
cacto (m)	kaktus (m)	[kaktus]
muguete (m)	konvalinka (ž)	[konvalɪŋka]
campanilla (f) de las nieves	sněženka (ž)	[sneʒeŋka]
nenúfar (m)	leknín (m)	[lɛkni:n]

invernadero (m) tropical	oranžérie (ž)	[oranʒe:rɪe]
césped (m)	trávník (m)	[tra:vni:k]
macizo (m) de flores	květinový záhonek (m)	[kvetɪnovi: za:honɛk]

planta (f)	rostlina (ž)	[rostlɪna]
hierba (f)	tráva (ž)	[tra:va]
hoja (f)	list (m)	[lɪst]
pétalo (m)	okvětní lístek (m)	[okvetni: li:stɛk]
tallo (m)	stéblo (s)	[stɛ:blo]
retoño (m)	výhonek (m)	[vi:honɛk]

cereales (m pl) (plantas)	obilniny (ž mn)	[obɪlnɪnɪ]
trigo (m)	pšenice (ž)	[pʃenɪtsɛ]
centeno (m)	žito (s)	[ʒɪto]
avena (f)	oves (m)	[ovɛs]

mijo (m)	jáhly (ž mn)	[ja:hlɪ]
cebada (f)	ječmen (m)	[jɛtʃmɛn]
maíz (m)	kukuřice (ž)	[kukurʒɪtsɛ]
arroz (m)	rýže (ž)	[ri:ʒe]

25. Varias palabras útiles

alto (m) (parada temporal)	přestávka (ž)	[prʃɛsta:fka]
ayuda (f)	pomoc (ž)	[pomots]
balance (m)	rovnováha (ž)	[rovnova:ha]
base (f) (~ científica)	základna (ž)	[za:kladna]
categoría (f)	kategorie (ž)	[katɛgorɪe]

coincidencia (f)	shoda (ž)	[sxoda]
comienzo (m) (principio)	začátek (m)	[zatʃa:tɛk]
comparación (f)	srovnání (s)	[srovna:ni:]
desarrollo (m)	rozvoj (m)	[rozvoj]

diferencia (f)	rozdíl (m)	[rozdi:l]
efecto (m)	efekt (m)	[ɛfɛkt]
ejemplo (m)	příklad (m)	[prʃi:klat]
variedad (f) (selección)	volba (ž)	[volba]
elemento (m)	prvek (m)	[prvɛk]
error (m)	chyba (ž)	[xɪba]

esfuerzo (m)	úsilí (s)	[u:sɪli:]
estándar (adj)	standardní	[standardni:]
estilo (m)	sloh (m)	[slox]
forma (f) (contorno)	tvar (m)	[tvar]
grado (m) (en mayor ~)	stupeň (m)	[stupɛnʲ]
hecho (m)	fakt (m)	[fakt]
ideal (m)	ideál (m)	[ɪdɛa:l]
modo (m) (de otro ~)	způsob (m)	[spu:sop]
momento (m)	moment (m)	[momɛnt]

obstáculo (m)	překážka (ž)	[prʃɛka:ʃka]
parte (f)	část (ž)	[ʧa:st]
pausa (f)	pauza (ž)	[pauza]
posición (f)	pozice (ž)	[pozɪʦɛ]
problema (m)	problém (m)	[problɛ:m]
proceso (m)	proces (m)	[proʦɛs]
progreso (m)	pokrok (m)	[pokrok]
propiedad (f) (cualidad)	vlastnost (ž)	[vlastnost]
reacción (f)	reakce (ž)	[rɛakʦɛ]
riesgo (m)	riziko (s)	[rɪzɪko]

secreto (m)	tajemství (s)	[tajɛmstvi:]
serie (f)	řada (ž)	[rʒada]
sistema (m)	systém (m)	[sɪstɛ:m]
situación (f)	situace (ž)	[sɪtuaʦɛ]
solución (f)	řešení (s)	[rʒɛʃɛni:]
tabla (f) (~ de multiplicar)	tabulka (ž)	[tabulka]
tempo (m) (ritmo)	tempo (s)	[tɛmpo]

término (m)	termín (m)	[tɛrmi:n]
tipo (m) (p.ej. ~ de deportes)	druh (m)	[drux]
turno (m) (esperar su ~)	pořadí (s)	[porʒadi:]
urgente (adj)	neodkladný	[nɛotkladni:]
utilidad (f)	užitek (m)	[uʒɪtɛk]
variante (f)	varianta (ž)	[varɪanta]
verdad (f)	pravda (ž)	[pravda]
zona (f)	pásmo (s)	[pa:smo]

26. Los adjetivos. Unidad 1

| abierto (adj) | otevřený | [otɛvrʒɛni:] |
| adicional (adj) | dodatečný | [dodatɛʧni:] |

agrio (sabor ~)	kyselý	[kɪsɛli:]
agudo (adj)	ostrý	[ostri:]
amargo (adj)	hořký	[horʃki:]

amplio (~a habitación)	prostorný	[prostorni:]
antiguo (adj)	starobylý	[starobɪli:]
arriesgado (adj)	nebezpečný	[nɛbɛzpɛtʃni:]
artificial (adj)	umělý	[umneli:]
azucarado, dulce (adj)	sladký	[slatki:]

bajo (voz ~a)	tichý	[tɪxi:]
bello (hermoso)	pěkný	[pekni:]
blando (adj)	měkký	[mneki:]
bronceado (adj)	opálený	[opa:lɛni:]
central (adj)	ústřední	[u:strʃɛdni:]

ciego (adj)	slepý	[slɛpi:]
clandestino (adj)	podzemní	[podzɛmni:]
compatible (adj)	slučitelný	[slutʃɪtɛlni:]
congelado (pescado ~)	zmražený	[zmraʒeni:]
contento (adj)	spokojený	[spokojɛni:]
continuo (adj)	dlouhý	[dlouhi:]

cortés (adj)	zdvořilý	[zdvorʒɪli:]
corto (adj)	krátký	[kra:tki:]
crudo (huevos ~s)	syrový	[sɪrovi:]
de segunda mano	použitý	[pouʒɪti:]
denso (~a niebla)	hustý	[husti:]

derecho (adj)	pravý	[pravi:]
difícil (decisión)	těžký	[teʃki:]
dulce (agua ~)	sladký	[slatki:]
duro (material, etc.)	tvrdý	[tvrdi:]
enfermo (adj)	nemocný	[nɛmotsni:]

enorme (adj)	obrovský	[obrovski:]
especial (adj)	speciální	[spɛtsɪa:lni:]
estrecho (calle, etc.)	úzký	[u:ski:]
exacto (adj)	přesný	[prʃɛsni:]
excelente (adj)	výborný	[vi:borni:]

excesivo (adj)	nadměrný	[nadmnerni:]
exterior (adj)	vnější	[vnejʃi:]
fácil (adj)	snadný	[snadni:]
feliz (adj)	šťastný	[ʃtʲastni:]
fértil (la tierra ~)	úrodný	[u:rodni:]
frágil (florero, etc.)	křehký	[krʃɛxki:]

fuerte (~ voz)	hlasitý	[hlasɪti:]
fuerte (adj)	silný	[sɪlni:]
grande (en dimensiones)	velký	[vɛlki:]
gratis (adj)	bezplatný	[bɛzplatni:]

importante (adj)	důležitý	[du:lɛʒɪti:]
infantil (adj)	dětský	[detski:]
inmóvil (adj)	nehybný	[nɛhɪbni:]
inteligente (adj)	moudrý	[moudri:]
interior (adj)	vnitřní	[vnɪtrʃni:]
izquierdo (adj)	levý	[lɛvi:]

27. Los adjetivos. Unidad 2

largo (camino)	dlouhý	[dlouhi:]
legal (adj)	zákonný	[za:konni:]
ligero (un metal ~)	lehký	[lɛhki:]
limpio (camisa ~)	čistý	[ʧɪsti:]
líquido (adj)	tekutý	[tɛkuti:]

liso (piel, pelo, etc.)	hladký	[hlatki:]
lleno (adj)	plný	[plni:]
maduro (fruto, etc.)	zralý	[zrali:]
malo (adj)	špatný	[ʃpatni:]
mate (sin brillo)	matový	[matovi:]

misterioso (adj)	záhadný	[za:hadni:]
muerto (adj)	mrtvý	[mrtvi:]
natal (país ~)	rodný	[rodni:]
negativo (adj)	záporný	[za:porni:]
no difícil (adj)	snadný	[snadni:]

normal (adj)	normální	[norma:lni:]
nuevo (adj)	nový	[novi:]
obligatorio (adj)	povinný	[povɪnni:]
opuesto (adj)	protilehlý	[protɪlɛhli:]
ordinario (adj)	obvyklý	[obvɪkli:]

original (inusual)	originální	[orɪgɪna:lni:]
peligroso (adj)	nebezpečný	[nɛbezpɛʧni:]
pequeño (adj)	malý	[mali:]
perfecto (adj)	vynikající	[vɪnɪkaji:ʦi:]
personal (adj)	osobní	[osobni:]
pobre (adj)	chudý	[xudi:]

poco claro (adj)	nejasný	[nɛjasni:]
poco profundo (adj)	mělký	[mnelki:]
posible (adj)	možný	[moʒni:]
principal (~ idea)	základní	[za:kladni:]
principal (la entrada ~)	hlavní	[hlavni:]

probable (adj)	pravděpodobný	[pravdepodobni:]
público (adj)	veřejný	[vɛrʒɛjni:]
rápido (adj)	rychlý	[rɪxli:]
raro (adj)	vzácný	[vza:ʦni:]

recto (línea ~a)	přímý	[prʃi:mi:]
sabroso (adj)	chutný	[xutni:]
siguiente (avión, etc.)	příští	[prʃi:ʃti:]
similar (adj)	podobný	[podobni:]
sólido (~a pared)	pevný	[pɛvni:]
sucio (no limpio)	špinavý	[ʃpɪnavi:]
tonto (adj)	hloupý	[hloupi:]

triste (mirada ~)	smutný	[smutni:]
último (~a oportunidad)	poslední	[poslɛdni:]
último (~a vez)	minulý	[mɪnuli:]
vacío (vaso medio ~)	prázdný	[pra:zdni:]
viejo (casa ~a)	starý	[stari:]

28. Los verbos. Unidad 1

abrir (vt)	otvírat	[otvi:rat]
acabar, terminar (vt)	končit	[kontʃɪt]
acusar (vt)	obviňovat	[obvɪnʲovat]
agradecer (vt)	děkovat	[dekovat]
almorzar (vi)	obědvat	[obedvat]
alquilar (~ una casa)	pronajímat si	[pronaji:mat sɪ]

anular (vt)	zrušit	[zruʃɪt]
anunciar (vt)	hlásit	[hla:sɪt]
apagar (vt)	vypínat	[vɪpi:nat]
autorizar (vt)	dovolovat	[dovolovat]
ayudar (vt)	pomáhat	[poma:hat]

bailar (vi, vt)	tančit	[tantʃɪt]
beber (vi, vt)	pít	[pi:t]
borrar (vt)	vymazat	[vɪmazat]
bromear (vi)	žertovat	[ʒertovat]
bucear (vi)	potápět se	[pota:pet sɛ]
caer (vi)	padat	[padat]

cambiar (vt)	změnit	[zmnenɪt]
cantar (vi)	zpívat	[spi:vat]
cavar (vt)	rýt	[ri:t]
cazar (vi, vt)	lovit	[lovɪt]
cenar (vi)	večeřet	[vɛtʃɛrʒɛt]

cerrar (vt)	zavírat	[zavi:rat]
cesar (vt)	zastavovat	[zastavovat]
coger (vt)	chytat	[xɪtat]
comenzar (vt)	začínat	[zatʃi:nat]
comer (vi, vt)	jíst	[ji:st]
comparar (vt)	porovnávat	[porovna:vat]
comprar (vt)	kupovat	[kupovat]
comprender (vt)	rozumět	[rozumnet]

confiar (vt)	důvěřovat	[du:verʒovat]
confirmar (vt)	potvrdit	[potvrdɪt]
conocer (~ a alguien)	znát	[zna:t]
construir (vt)	stavět	[stavet]
contar (una historia)	povídat	[povi:dat]
contar (vt) (enumerar)	počítat	[potʃi:tat]
contar con ...	spoléhat na ...	[spolɛ:hat na]
copiar (vt)	zkopírovat	[skopi:rovat]
correr (vi)	běžet	[beʒet]
costar (vt)	stát	[sta:t]
crear (vt)	vytvořit	[vɪtvorʒɪt]
creer (en Dios)	věřit	[verʒɪt]
dar (vt)	dávat	[da:vat]
decidir (vt)	řešit	[rʒɛʃɪt]
decir (vt)	říci	[rʒi:tsɪ]
dejar caer	pouštět	[pouʃtet]
depender de ...	záviset	[za:vɪsɛt]
desaparecer (vi)	zmizet	[zmɪzɛt]
desayunar (vi)	snídat	[sni:dat]
despreciar (vt)	pohrdat	[pohrdat]
disculpar (vt)	omlouvat	[omlouvat]
disculparse (vr)	omlouvat se	[omlouvat sɛ]
discutir (vt)	projednávat	[projɛdna:vat]
divorciarse (vr)	rozvést se	[rozvɛ:st sɛ]
dudar (vt)	pochybovat	[poxɪbovat]

29. Los verbos. Unidad 2

encender (vt)	zapínat	[zapi:nat]
encontrar (hallar)	nacházet	[naxa:zɛt]
encontrarse (vr)	utkávat se	[utka:vat sɛ]
engañar (vi, vt)	podvádět	[podva:det]
enviar (vt)	odesílat	[odɛsi:lat]
equivocarse (vr)	mýlit se	[mi:lɪt sɛ]
escoger (vt)	vybírat	[vɪbi:rat]
esconder (vt)	schovávat	[sxova:vat]
escribir (vt)	psát	[psa:t]
esperar (aguardar)	čekat	[tʃɛkat]
esperar (tener esperanza)	doufat	[doufat]
estar ausente	být nepřítomen	[bi:t nɛprʃi:tomɛn]
estar cansado	unavovat se	[unavovat sɛ]
estar de acuerdo	souhlasit	[souhlasɪt]
estudiar (vt)	studovat	[studovat]
exigir (vt)	žádat	[ʒa:dat]

existir (vi)	**existovat**	[ɛgzɪstovat]
explicar (vt)	**vysvětlovat**	[vɪsvetlovat]
faltar (a las clases)	**zameškávat**	[zameʃkaːvat]
felicitar (vt)	**blahopřát**	[blahoprʃaːt]
firmar (~ el contrato)	**podepisovat**	[podɛpɪsovat]
girar (~ a la izquierda)	**zatáčet**	[zataːtʃet]
gritar (vi)	**křičet**	[krʃɪtʃet]

guardar (conservar)	**zachovávat**	[zaxovaːvat]
gustar (vi)	**líbit se**	[liːbɪt sɛ]
hablar (vi, vt)	**mluvit**	[mluvɪt]
hablar con ...	**mluvit s ...**	[mluvɪt s]
hacer (vt)	**dělat**	[delat]

hacer la limpieza	**uklízet**	[ukliːzɛt]
insistir (vi)	**trvat**	[trvat]
insultar (vt)	**urážet**	[uraːʒet]
invitar (vt)	**zvát**	[zvaːt]
ir (a pie)	**jít**	[jiːt]

jugar (divertirse)	**hrát**	[hraːt]
leer (vi, vt)	**číst**	[tʃiːst]
llegar (vi)	**přijíždět**	[prʃɪjiːʒdet]
llorar (vi)	**plakat**	[plakat]
matar (vt)	**zabíjet**	[zabiːjɛt]
mirar a ...	**dívat se**	[diːvat sɛ]

molestar (vt)	**rušit**	[ruʃɪt]
morir (vi)	**umřít**	[umrʒiːt]
mostrar (vt)	**ukazovat**	[ukazovat]
nacer (vi)	**narodit se**	[narodɪt sɛ]
nadar (vi)	**plavat**	[plavat]
negar (vt)	**popírat**	[popiːrat]

obedecer (vi, vt)	**podřídit se**	[podrʒiːdɪt sɛ]
odiar (vt)	**nenávidět**	[nɛnaːvɪdet]
oír (vt)	**slyšet**	[slɪʃet]
olvidar (vt)	**zapomínat**	[zapomiːnat]
orar (vi)	**modlit se**	[modlɪt sɛ]

30. Los verbos. Unidad 3

pagar (vi, vt)	**platit**	[platɪt]
participar (vi)	**zúčastnit se**	[zuːtʃastnɪt sɛ]
pegar (golpear)	**bít**	[biːt]
pelear (vi)	**prát se**	[praːt sɛ]
pensar (vi, vt)	**myslit**	[mɪslɪt]
perder (paraguas, etc.)	**ztrácet**	[straːtsɛt]
perdonar (vt)	**odpouštět**	[otpouʃtet]
pertenecer a ...	**patřit**	[patrʃɪt]

poder (v aux)	moci	[moʦɪ]
poder (v aux)	moci	[moʦɪ]
preguntar (vt)	ptát se	[pta:t sɛ]
preparar (la cena)	vařit	[varʒɪt]

prever (vt)	předvídat	[prʃɛdvi:dat]
probar (vt)	dokazovat	[dokazovat]
prohibir (vt)	zakázat	[zaka:zat]
prometer (vt)	slibovat	[slɪbovat]
proponer (vt)	nabízet	[nabi:zɛt]
quebrar (vt)	lámat	[la:mat]

quejarse (vr)	stěžovat si	[steʒovat sɪ]
querer (amar)	milovat	[mɪlovat]
querer (desear)	chtít	[xti:t]
recibir (vt)	dostat	[dostat]
repetir (vt)	opakovat	[opakovat]
reservar (~ una mesa)	rezervovat	[rɛzɛrvovat]

responder (vi, vt)	odpovídat	[otpovi:dat]
robar (vt)	krást	[kra:st]
saber (~ algo mas)	vědět	[vedet]
salvar (vt)	zachraňovat	[zaxranʲovat]
secar (ropa, pelo)	sušit	[suʃɪt]

sentarse (vr)	sednout si	[sɛdnout sɪ]
sonreír (vi)	usmívat se	[usmi:vat sɛ]
tener (vt)	mít	[mi:t]
tener miedo	bát se	[ba:t sɛ]

tener prisa	spěchat	[spexat]
tener prisa	pospíchat	[pospi:xat]
terminar (vt)	přerušovat	[prʃɛruʃovat]
tirar, disparar (vi)	střílet	[strʃi:lɛt]
tomar (vt)	brát	[bra:t]
trabajar (vi)	pracovat	[praʦovat]

traducir (vt)	překládat	[prʃɛkla:dat]
tratar (de hacer algo)	pokoušet se	[pokouʃɛt sɛ]
vender (vt)	prodávat	[proda:vat]
ver (vt)	vidět	[vɪdet]
verificar (vt)	zkoušet	[skouʃɛt]
volar (pájaro, avión)	letět	[lɛtet]

www.ingramcontent.com/pod-product-compliance
Lightning Source LLC
Chambersburg PA
CBHW060030050426
42448CB00012B/2930